U0500635

为你读诗 /主编　彭治国 /著

我有一瓢酒 可以慰风尘

36位古代文人的诗意人生

时代文艺出版社

图书在版编目（CIP）数据

我有一瓢酒，可以慰风尘：36位古代文人的诗意人生 / 为你读诗主编；彭治国著. —长春：时代文艺出版社，2021.4

ISBN 978-7-5387-6559-5

Ⅰ.①我… Ⅱ.①为… ②彭… Ⅲ.①诗人－生平事迹－中国－古代②词人－生平事迹－中国－古代 Ⅳ.①K825.6

中国版本图书馆CIP数据核字（2020）256082号

出品人 陈 琛
产品总监 邓淑杰
责任编辑 刘瑀婷
装帧设计 孙 利
排版制作 毛倩雯

我有一瓢酒，可以慰风尘
——36位古代文人的诗意人生
为你读诗 主编 彭治国 著

出版发行 / 时代文艺出版社
地址 / 长春市福祉大路5788号 龙腾国际大厦A座15层 邮编 / 130118
总编办 / 0431-81629751 发行部 / 0431-81629755 北京开发部 / 010-63108163
官方微博 / weibo.com / tlapress 天猫旗舰店 / sdwycbsgf.tmall.com
印刷 / 三河市天润建兴印务有限公司
开本 / 880mm × 1230mm 1 / 32 字数 / 150千字 印张 / 7.375
版次 / 2021年4月第1版 印次 / 2021年4月第1次印刷 定价 / 48.00元

目录

魏晋南北朝

■唐朝

■宋朝

一个孤家寡人

魏晋南北朝

曹操

有一种英雄主义叫『曹操』

东汉末年，连年战争，疾病流行，民不聊生。从最底层蝼蚁般的百姓，到最上层的皇室贵族，对死亡的恐惧像一团阴云，笼罩每一个人。

于是，很多的诗歌就有了对人生无常的慨叹：“生年不满百，常怀千岁忧。”

这种感喟，在相当一段时间内弥漫开来，成为时代的主题。

就在很多人迷茫，觉得活着没有意义，不如及时享乐时，曹操的声音从众生的喧嚣里跳脱出来，雄健而刚猛。

神龟虽寿，犹有竟时；
腾蛇乘雾，终为土灰。
老骥伏枥，志在千里；
烈士暮年，壮心不已。
——《龟虽寿》

曹操写这首诗时已经五十三岁，他刚刚平定北方乌桓的叛乱，消灭了北方袁绍的残余势力，准备南下征讨东吴和荆州。打仗，打仗，何时有一个尽头？

曹操是创业最艰难的英雄。他苦战三十多年，才基本平定天下。所以，曹操才会在《蒿里行》中感慨："白骨露于野，千里无鸡鸣。生民百遗一，念之断人肠。"

曹操是见过太多死亡的人，而他自己，也无数次与死神擦肩而过。活着，就是一个奇迹，这是曹操领悟到的。曹操也一定无数次问过自己：人总会死，怎样才能活得有价值？人的一生应该如何度过？

这样的问题，仍在拷问今天的我们。只是很多人回避它，而曹操却坚定地作出了回答："老骥伏枥，志在千里。烈士暮年，壮心不已。"

这句话如洪钟大吕，至今仍激励着后来者，让无力者有力，让悲观者前行。而作为曹操自己，他是当得起这句话的。

曹操曾经的人生理想，原本是做一个“封侯作征西将军”，然后在墓碑上刻着“汉故征西将军曹侯之墓”，就足够了。但随着不停地征战，在曹操离世之前，他已是位居诸王侯之上的魏王，更是汉王朝的实际控制者。

在为自己一生所做的总结陈词《述志令》中，曹操说：“设使国家无有孤，不知当几人称帝，几人称王。”——这确是事实。

在曹操的另一首诗《短歌行》里，我们也许能更全面地了解一个英雄的内心世界。

对酒当歌，人生几何？譬如朝露，去日苦多。
慨当以慷，忧思难忘。何以解忧？唯有杜康。
青青子衿，悠悠我心。但为君故，沉吟至今。
呦呦鹿鸣，食野之苹。我有嘉宾，鼓瑟吹笙。
明明如月，何时可掇？忧从中来，不可断绝。
越陌度阡，枉用相存。契阔谈谦，心念旧恩。
月明星稀，乌鹊南飞。绕树三匝，何枝可依？
山不厌高，海不厌深。周公吐哺，天下归心。

在这首诗里，我们看到了一个悲哀的曹操，也看到一个欢乐的曹操。

人的一生何其短暂，好像早晨的露珠，太阳一出来，就没了。逝去的时光已经太多，所以，让我们饮酒吧，唱歌吧，跳舞吧……

但悲哀如影随形。我们于是又开始了浩叹：当空悬挂的明月，什么时候才可以拾到？一群寻巢的乌鹊，哪里才有它的栖身之所？

我们被“月明星稀，乌鹊南飞。绕树三匝，何枝可依”的孤独感深深打动，但我们也仿佛更加坚定和自信。

山不厌高，海不厌深。周公吐哺，天下归心。

曹操就是一座大山，一片大海。在悲哀面前，他没有流于颓废和消沉。

在《三国志》的“武帝本纪”里，诸侯讨伐董卓是最精彩的一段：所有讨伐董卓的诸侯都是当时赫赫有名的大人物，曹操只是个三十多岁、没有多少权势的官员。但真正要攻打董卓了，袁绍等一干当时的政坛领袖前辈、军界投机者们却只是每天喝酒开会，都不敢去打，只有曹操慷慨激昂：“今兵以义动，持疑而不进，失天下之望，窃为诸君耻之！”

没人搭理他，包括后来指责他是汉贼的人。曹操便自己带着人去攻打董卓，结果大败而逃，坐骑都丢了。如果不是老弟曹洪舍命献马，曹操的命估计都保不住了。败逃的路上，士兵又哗变，“太祖手剑杀数十人，余皆披靡，乃得出营”。

失败能使人失去信心，变得颓废。但曹操不是这样，面对接踵而至的失败，他一一笑纳。

曹操求贤若渴，对人只看才干，不问亲疏，胸襟气度非同凡人。当谋士许攸来投靠曹操时，他来不及穿鞋就跑出去迎接；当张郃、高览来降时，夏侯惇担心靠不住，他却表示：“吾以恩遇之，虽有异心，亦可变矣。”

更为难得的是，大败袁绍军队后，袁绍的大量辎重、珍宝、图书都落到曹操手里，其中也包括己方一些人曾暗地里写给袁绍的书信。白纸黑字，铁证如山，但凡与袁绍有过书信来往的，无不提心吊胆，惶惶不可终日。然而曹操却下令将这些书信全都付之一炬。曹操的解释是这样的：袁绍强盛的时候，连我都自身难保，何况大家呢。这话说得何等大气！

但曹操死后，名声却臭了。他的臭，倒不是别的原因，而是因为他不姓刘，刘家的天下只能由姓刘的人来坐，所以理学家朱熹会骂：“只有先主名分正，曹操自是贼。”另一部分原因，则是曹操杀了当时一些不服从他的名士，使得一些士子为之心寒。

从生前到死后，曹操一直是孤独的，少有人知道他的内心世界。他可以在讨伐张绣后，长子侄子俱逝，却只哭典韦。谋臣郭嘉去世，他悼念说，郭嘉是最了解自己的人。郭嘉死了，自己的知己就更少了。

月明星稀，乌鹊南飞。绕树三匝，何枝可依？

其实，曹操不也是一只盘旋又盘旋、找不到可栖之木的乌鹊吗？曹操是一个孤独的王者，因为他的赫赫威名，我们觉得离他是那么远。而因为他的孤独，我们又一次走近了他，觉得英雄和我们如此相似。

阮籍

原谅我，无法对你道晚安

睡眠是生命赠给每个人的礼物。现实太沉重，睡眠能带人暂时逃离。无论美丑、贫富还是贵贱，人们都可以在梦中寻得一丝安宁，但有一个人始终无法安眠，他就是魏晋时期的阮籍。他有一首诗是这样写的：

夜中不能寐，起坐弹鸣琴。
薄帷鉴明月，清风吹我襟。
孤鸿号外野，翔鸟鸣北林。
徘徊将何见？忧思独伤心。

这是阮籍咏怀诗系列的开篇之作，咏怀诗一共有八十二篇，是阮籍人生不同时期的作品。而他这些诗歌，都笼罩在第一首的气氛里。

已经“夜中”了。夜是如此之深，阮籍却睡不着。这是一个怎样的夜啊？

阮籍所处的时代，是一个黑暗的时代。中国自东汉后期以来，历经“党锢之祸”“黄巾之乱”“董卓之乱”“三国分立”，曹魏篡了东汉政权，司马氏又夺了曹魏天下，城头变幻大王旗。每一次王朝更替，社会都激烈动荡，政治斗争异常残酷。出身高贵的阮籍见过太多的名士、权臣因为站错了队伍，被卷入政治的旋涡，送上刑场。

长夜漫漫，如何度过？阮籍坐起身来弹琴。

琴，不仅是阮籍，也是当时所有像阮籍一样的魏晋名士的知己。他们以琴消愁咏志，酬唱雅集，吊贺往来，琴声融入了他们生活的方方面面。他们弹琴，不为炫技，也不为谋生，只单纯是一种心灵的表达。

阮籍抚琴低吟，他希望清雅缥缈的琴音能平复自己烦恼的心境，让灵魂得以安宁，但失败了。明月照在窗帷上，寒冷的风吹入襟怀，自己那份寒冷、孤独的情绪反而更加强烈了。

阮籍到底碰到了怎样具体的困境？在诗歌里，阮籍没有说，他只是独自咀嚼苦痛，“徘徊将何见？忧思独伤心。”

在生活里，阮籍也不敢说。

那是一个不能自由表达思想和观点的时代。在公开场合，你不敢对任何人、任何事发表评论，因为这可能是一个陷阱，你的话稍有问题，随时会被检举、揭发，你很可能因此而大祸临头。

作为“竹林七贤”的精神领袖，阮籍的好友嵇康，就是因为个性太张扬，不懂得隐忍，被素来忌恨他的司马昭下令处死。行刑当天，三千名太学生集体请愿赦免而未果。刑前，嵇康抚琴弹奏《广陵散》，曲毕说:“《广陵散》从此绝矣。”

而当年跟随嵇康鞍前马后的向秀，在嵇康死后，迫于权力，投靠了司马昭。司马昭问他:“听说你以前有隐居不仕的志向，为何今天也来见我？”向秀回答:“我现在明白了，他们的生活并不值得羡慕！”

这深深震撼了阮籍。所以阮籍终其一生，“口不臧否人物”。他知道谨慎能救命。他借酒浇愁，但他的酩酊大醉也是假的，因为酒后从未有任何出格的言语。

阮籍不想和当权者合作，但又不敢完全撕破脸。曹魏的重臣蒋济听说阮籍的才华，邀请他出来做官，但阮籍不想去，写了一篇奏记恳辞。蒋济大怒，认为不给自己面子。

阮籍在亲人的劝勉、督促下，不得已上任了。因为得罪蒋济是非常危险的，甚至会祸及家族。但干了没多久，阮籍又装病辞官回家了。

阮籍几次仕途的经历都是这样，屡次做官，屡次辞官。在司马昭当政时，阮籍虽然也做过关内侯等职，可历史同样记载了另一件事：

司马昭也欣赏阮籍的才华，想方设法拉拢他，甚至要跟他结为亲家。这在别人看来，是鸿运当头的美事，但阮籍避之唯恐不及。他日日饮酒，一醉六十天，使得司马昭派来提亲的人一直没机会与他商谈，只好作罢。

有的灾祸，是喝酒可以避免的；有的灾祸，是少说话可以避免的；但有的灾祸，也许无论你怎么努力，都无法躲过。

阮籍很痛苦，他不肯像某些人一样依附权贵，谋求名利，又想在乱世之中保全自己，苟延残喘。而耿介、直率的性格又使他对自己的所作所为充满了惭愧。他因此成为那个时代最痛苦的人。

阮籍的诗中，人无眠，飞鸟亦悲鸣。“孤鸿号外野，翔鸟鸣北林”，似有无枝可栖之哀。

与阮籍不同，陶渊明的诗歌里，显现的是一个宁静的世界，“山气日夕佳，飞鸟相与还”。一只只飞鸟应时飞回自己的枝巢栖息，它们从不熬夜失眠。陶渊明坚定地从上层社会的政治中退了出来，在田园生活中找到了归宿和寄托。

由于身份、地位、遭遇、性格等的不同，阮籍没有像陶渊明那样找到自己的桃花源、“归园田居”。他的世界，因此永远是感伤痛苦、恐惧焦虑的，求解脱而不能，像滚沸不息的水。

> 一日复一夕，一夕复一朝。
> 颜色改平常，精神自损消。
> 胸中怀汤火，变化故相招。
> 万事无穷极，知谋苦不饶。
> 但恐须臾间，魂气随风飘。
> 终身履薄冰，谁知我心焦。
>
> ——《咏怀》

生命是如此无常而短暂。阮籍渴望成为圣贤，改变社会和国家。有一次游览刘邦与项羽交战厮杀的楚汉古战场，阮籍有感而发，说道："时无英雄，使竖子成名。"他也许是在哀叹，这并不是一个英雄和产生英雄的时代，而他又不希望自己的才华白白逝去，无所作为。

这黑暗的夜，何处才是尽头，阮籍感到绝望。他是君子，是孤鸿，是夜深人静，所有人都已入睡，自己却独醒的失眠者。

拥有一个深沉的睡眠，那感觉多么好。但对阮籍来说，永远地失去了。

嵇康

你真的知道什么是贵族吗

曾几何时，在我们的印象里，“贵族”一直是与腐朽、没落、剥削、自私等字眼儿联系在一起的。它是一个贬义词，以至于我们在听到它时，都一脸鄙夷。随着时代发展，我们又开始慢慢接纳它。我们想送孩子上贵族学校，接受贵族礼仪，渴望培养出一个贵族精英。但我们的脑海里真的知道什么是贵族吗？我们有过这种贵族精神吗？

当要回答这些问题时，我脑海中浮现出一些人的样子。而其中面目最鲜明的一个，就是嵇康，他是我心目中真正的贵族。

嵇康的神采令人倾倒。《晋书·嵇康传》里说，嵇康去山间采药，被砍柴的人遇见，以为是神仙下凡。而《世说新语》里记载得更详细，说他“身长七尺八寸，风姿特秀”“肃肃如松下风，高而徐引”。他像吹过松林的风一样潇洒，清高，凉爽，从容。朋友山涛则说：“嵇叔夜之为人也，岩岩若孤松之独立；其醉也，傀俄若玉山之将崩。”嵇康的为人，像悬崖的孤松一样傲然独立；他如果喝醉了，躺下来，就好像高大的玉山将要倾倒。一般人喝醉酒，除了用一摊烂泥来形容，怕是再找不到更合适的语言；而嵇康即使醉了，也自有别样风骨。

嵇康在一首诗里写道：

> 良马既闲，丽服有晖，左揽繁弱，右接忘归。
> 风驰电逝，蹑景追飞。凌厉中原，顾盼生姿。
>
> ——《赠秀才从军》（其九）

繁弱和忘归，是优质的弓和箭的名字。一个人骑着骏马，穿着明丽的衣服，左手执弓，右手拿箭，风驰电掣而来，又电闪雷鸣而去，留给我们一个雄姿英发的背影。我宁愿认为，这是嵇康的自画像。

尤其难得的是，嵇康并不在意自己的外表，不对自己进行多余的打扮，他更看重自己内在的精神修养和文化品位。

嵇康所在的魏晋南北朝，是中国历史上政权更迭最频繁、政治最黑暗的时代之一。人们突然发现，除了生死之外，过去一直恪守的道德、气节、操守都可以拿来变卖，换成权力、官位、金钱，以及种种和利益相关的事物。于是，时代变了，人也跟着变，但嵇康仍坚守着自己的完整和高贵。

他在《赠秀才从军》第十四首里写道：

息徒兰圃，秣马华山。流磻平皋，垂纶长川。
目送归鸿，手挥五弦。俯仰自得，游心太玄。
嘉彼钓叟，得鱼忘筌。郢人逝矣，谁与尽言？

嵇康发现，自己找不到朋友。嵇康早年丧父，在哥哥嵇喜的抚养下长大成人，因此他对哥哥充满了信任、依赖和爱戴。如今，嵇喜被地方政府作为人才选拔，要去从军了。而哥哥的离开，无疑会加剧嵇康的孤独。那么，如何化解这种孤独呢？“郢人逝矣，谁与尽言？”

在环境优美的地方休息喂马，在水边平坦的地方射箭，在长长的河边垂钓，一边目送鸿雁远去，一边随手拨动古老的琴弦。这是嵇康高洁的志趣，可他依然孤独。

其实，以嵇康的名望和学识，想和他做朋友的人数不胜数。但嵇康觉得很多人不值得认识，更不值得交往，他通过一次决绝的行动，来定义自己心目中理想朋友的人格。

他有一个朋友叫山涛，担任吏部郎，后来不干了。他觉得嵇康才华出众，是最合适的人选，于是真心诚意地向朝廷举荐来代替自己。这要是换了别人，感激还来不及，而嵇康却十分愤怒和失望。他认为最好的朋友不了解自己，他是一个不愿意和当局合作的人，是不可能做官的。所以他写了一篇长长的《与山巨源绝交书》，不仅回绝了山涛的善意，还与他绝交，这使得山涛很尴尬。

而嵇康的择友观，也让另一个大人物望而却步，那个人就是钟会。

钟会出身高贵，来自颍川钟氏。父亲钟繇不仅是曹魏时期的开国元勋，而且书法造诣很深，被后世尊为“楷书鼻祖”。而钟会自己也才华横溢，年纪轻轻就声名鹊起，但他更渴望嵇康的赏识。

最初，钟会有些胆怯，他觉得自己的才华比不上嵇康。但等到成为司马家族的大红人以后，他觉得时机到了，嵇康应该会对自己刮目相看了。

于是某一天，在众多随从的簇拥下，钟会一行浩浩荡荡去见嵇康。他以为会有一次热情的接待，不曾想却遭到了冷遇。嵇康旁若无人、挥汗如雨地打铁，无视眼前的钟会。在长时间的沉默里，只听见叮叮当当打铁的声音。许久之后，钟会忍不住了，转身离去。嵇康突然问他：“何所闻而来？何所见而去？”钟会冷冷地回答：“闻所闻而来，见所见而去。”这就是钟会和嵇康一生仅仅交谈的两句话，而此时的钟会，已经把自己的崇拜深深地埋葬，只剩刻骨的仇恨了。

所以，要成为嵇康的朋友很难。这不是金钱、地位、权力可以解决的问题，而是需要彼此价值观上的认同，思想上的高度一致。而一旦被嵇康视为朋友，就一定会得到他最无私的帮助，甚至以生命作为代价。

有一次，嵇康的朋友吕安的妻子被哥哥吕巽奸污，吕巽却来个恶人先告状，诬陷吕安不孝。这在当时是一项重罪。此时的司马氏政权在一次次用鲜血铺就篡权之路后，正大力宣传“以孝治天下”的价值观，以此来掩盖自己的罪恶。“不孝”就成为反对社会主流意识形态的大罪状，轻则流放，重则杀头。就是在这样的恐怖环境下，很多人即使知道吕安无辜，也噤若寒蝉，不敢作声。但嵇康挺身而出，为朋友仗义执言。钟会报复的机会来了，他趁机向司马昭大进谗言：像嵇康这样的“卧龙”负才惑众，绝不能再留在世间。

这话说到了司马昭的心坎上，司马昭所不能容忍嵇康的，正是他公开表示与当局的不合作，以及对司马氏政权的无视。于是，司马昭痛下杀手，判处嵇康死刑。

这是嵇康没有想到的。现实虽然黑暗，但他从没有想过死。他熟读庄子，写过《养生论》，他知道，生命是可贵的，没有生命，就没有一切。而他更知道，即使在乱世中，仍要做到正直，不偏私，不畏难，关键时刻，敢于为他人牺牲自己。

如今，考验的时候到了。

景元三年，公元263年，洛阳的冬天很阴冷，行刑那天却阳光明媚。道路两边站满群众，更有大批的太学生蜂拥而至。很多人泪眼婆娑地看着嵇康走过，满是敬佩。三千太学生，曾请求朝廷刀下留人，让嵇康做他们的老师，没有得到允许。

在行刑的地方，嵇康平静地席地而坐。他看着日影，知道距行刑还有片刻时光。他看见人群中的哥哥嵇喜，他也来送别了，还带着自己平日喜爱的瑶琴。于是，嵇康招呼哥哥上前，让他取琴给自己。他弹奏起一支曲子，这就是《广陵散》。

琴声慨烈激昂，时而又深沉低回，这是嵇康的精神世界吗？这声音好像吹下松林的风吗？这是将要倒下的玉山吗？还是在悬崖边孤傲而立的松树？

行刑的时候到了，琴声停止。嵇康抚琴长叹："《广陵散》，从今要成绝响了！"说完，从容就刑。离开时，只有四十岁。

一个贵族走了，人间再无《广陵散》，而有关什么是贵族精神的追问并没有停止。它从古老的时代越过千年，又在叩问今天的我们。

嵇康也许用他自己的死，做出了确认和回答：所谓贵族精神的核心，就是干净地活着，有尊严地死去。

潘安

比颜值更高级的东西是什么

有两句话，目前很流行。一句是“颜值即正义”，另一句是“这是看脸的时代”，对高颜值的崇拜无以复加。颜值真是人身上最重要的部分吗？我想起潘安，他的经历也许能给我们一些启示。

潘安本名潘岳，号安仁。他是西晋文学家，但另一个身份似乎更被大众所熟知——中国古代第一美男。有一个俗语因他而生，叫“貌比潘安”。《金瓶梅》里的王婆向西门庆举出男人征服女性的五大条件，排在首位的，即是潘安的貌。

潘安的貌如此闻名，让许多女子魂不守舍。《晋书》里说，年轻的潘安常喜欢挟着弹弓走在洛阳的大道上。当时的洛阳城是一座繁华都市，车水马龙，人烟辐辏，士女竞游。而女孩们看到潘安的风姿仪容，都不能自拔，手挽手围着不让走，还纷纷丢水果表达爱慕。潘安每次都能满载而归。

潘安的美貌也让男人嫉妒，比如西晋著名文学家左思。左思很丑，但他也希望有潘安的艳福，于是也精心打扮一番，乘车来到洛阳道。而他没有得到一车香甜可口的水果，收获的却是洛阳女子投掷的一车石头瓦砾。左思大受打击，从此对自己的相貌死了心。

潘安不仅貌美，而且才高，是真正的才貌双全。遗憾的是，他的内心世界却没有他的颜值和文采那么打动人。他性情轻浮急躁，为了追逐世俗名利去巴结贾谧。

在西晋，贾谧是一个极不光彩的权臣，潘安等二十四个有才华的文人投靠在他门下，被称为“二十四友”。而潘安等人阿谀奉承之心太重，以至于远远看见贾谧出行的车辆，便马上跪倒，望尘而拜。

潘安写过一篇《闲居赋》，一副归园田居、与世无争的样子，可实际上他并不能忘怀官场。金代元好问因此讽刺说：“心画心声总失真，文章宁复见为人。高情千古闲居赋，争信安仁拜路尘！”

潘安名利心过重，连母亲也多次训诫他，要他适可而止，不要过分贪求，可潘安不仅听不进去，反而在这条道路上越陷越深。

一次，皇后贾南风和贾谧密谋，想要废掉太子。他们灌醉了愍怀太子，然后逼他抄写一篇祈祷白痴父亲晋惠帝早死的诅咒文字。这篇文字的作者正是潘安。他发挥了自己才思敏捷的特长，不仅马屁文章写得呱呱叫，作污蔑构陷的文章也毫不含糊。

因此，愍怀太子被杀了。太子被杀，引发宫廷政变。赵王司马伦得到机会，攻陷洛阳，贾氏家族被诛杀干净，潘安也被“夷三族”，他七十多岁高龄的母亲也未能幸免。临刑前，潘安想起当初母亲的话，泣不成声，但一切都晚了。

颜值没有帮潘安赢得后人的尊敬，而他的深情帮助了他。

潘安一生，女性追求者很多，但他并没有以此为资本拈花惹草。他对妻子杨容姬的爱始终如一，至死不渝。婚后，两人共同生活二十多年。杨容姬四十八岁去世，潘安没有再娶。

为妻子守丧一年期满后，潘安将要离开家返回任上。想到与妻子永远阴阳两隔，他写下《悼亡诗》三首，影响深远。自潘安以后，“悼亡诗”成了悼念亡妻的专属名词。

在这三首《悼亡诗》里，最有名的是第一首：

荏苒冬春谢，寒暑忽流易。之子归穷泉，重壤永幽隔。

私怀谁克从，淹留亦何益。僶俛恭朝命，回心反初役。

望庐思其人，入室想所历。帏屏无髣髴，翰墨有馀迹。
流芳未及歇，遗挂犹在壁。怅恍如或存，回惶忡惊惕。
如彼翰林鸟，双栖一朝只。如彼游川鱼，比目中路析。
春风缘隙来，晨霤承檐滴。寝息何时忘，沉忧日盈积。
庶几有时衰，庄缶犹可击……

潘安在熟悉的家里开始回忆和妻子在一起的生活，恍然如梦。死生让他惊惑，他呆呆地独处，敏感而茫然。春风沿着窗户的缝隙吹进来，清晨檐下的水珠不断滴落，对妻子的想念绵绵无休。

潘安想更深入地回忆妻子，又想尽快摆脱回忆的痛苦。处在矛盾煎熬中的他感叹说：我这种哀伤也许有一天会减少，如果那一天真的来了，说不定我可以像庄子那样鼓盆而歌。

总体来说，这首诗十分真挚感人。尽管一些晦涩的文字不易让读者接受，这是西晋文坛的风气使然。从潘安的这首诗我们可以看到，人们后来广泛书写的悼亡诗的内容都在这里露出了端倪。

因此，当我们在读苏轼的“十年生死两茫茫，不思量，自难忘。千里孤坟，无处话凄凉”的时候，当我们在读元稹的“惟将终夜长开眼，报答平生未展眉”的时候，当我们在读许许多多耳熟能详的悼亡诗的时候，也应该想起潘安。正是他的开创之功，为后来者掘开了一个丰沛的眼泪的海洋。

一个人的美貌是重要的，但更重要的，是那颗美丽丰盈的心。

陶渊明

做一个像陶渊明那样的好爸爸

没有哪个爸爸像陶渊明那么倒霉——一般人若是有一个熊儿子便要操碎了心，他有五个。

五个儿子，没有一个喜欢读书的。阿舒十六岁，论懒惰，无人能比；阿宣快十五岁了，还是无心学习；阿雍、阿端十三岁，竟然连“6”和“7”都分不清；最小的阿通，将近九岁了，每天还只知道找梨子和板栗吃。

儿子们的前程真可堪忧。连数都数不清的两个，估计现在没有一个学校会收。但陶渊明不急，他写道：“天运苟如此，且进杯中物。”并没有挥起一顿老拳，逼儿子们“头悬梁锥刺股”，而是举起了酒杯，慢慢地喝酒，带着戏谑和慈爱，写下了《责子》一诗。

这谈何容易？

在今天，几乎每一个普通家庭的孩子，都肩负着鲤鱼跳龙门的家族期待和使命。而一个有名望的家庭，恐怕更难以接受自己的孩子未来会成为一个平庸的人——从事平庸的职业，过最平庸的生活。

陶渊明的祖上是出过大人物的，比如，曾祖陶侃，官至侍中、太尉、荆江二州刺史，都督八州诸军事，封长沙郡公，为稳定东晋政权立下赫赫战功。再比如，陶渊明的外祖父孟嘉，是东晋时期的大名士，虽然身处官场，却不染官场恶俗。

到陶渊明这一代，陶家没落了。为了家族的荣耀，陶渊明四次踏入仕途，但每次都因为和自己追求自由和本真的天性不符，不得不从官场抽身而退，回去种田。

混到这个地步，陶渊明也一定是怀有遗憾吧。他为什么不把自己未完成的心愿交给儿子们去完成呢？

陶渊明是一个想做自己的人。虽然他从未高调地宣布过，但他的诗、他的行为，都在印证自己是一个什么样的人。

衡门之下，有琴有书。

载弹载咏，爰得我娱。

岂无他好，乐是幽居。
朝为灌园，夕偃蓬庐。
人之所宝，尚或未珍。
不有同好，云胡以亲？
我求良友，实觏怀人。
欢心孔洽，栋宇惟邻。
……

——《答庞参军》

做自己喜欢做的事，住在自己的房子里，哪怕是草屋，也甘之若饴。和喜欢的人交谈，并比邻而居，还有比这更快乐的事吗？陶渊明清楚，“人之所宝，尚或未珍”。所以，如果自己都不想勉强自己，那么也让儿子们按他们的意愿去生活吧。

陶渊明五十多岁时，病情加重。他怕自己时日无多，便写下给五个孩子的《与子俨等疏》，这多少有点像临终遗言。

奇怪的是，关于家族的荣耀、祖上的光芒、孩子们该如何建功立业的话，陶渊明只字未提。他只深深地责怪自己，觉得自己没有养家糊口的本事，让孩子们饱受饥寒。他还希望孩子们要互助互爱，一起居住，直到终老。

他希望孩子们向那些有德行的古人学习。即使不能做到像他们一样，也要诚心诚意地崇敬他们。

这就是一个父亲留给儿子全部的话。

除此，陶渊明还和孩子们分享了自己的快乐之道：

少学琴书，偶爱闲静，开卷有得，便欣然忘食。见树木交荫，时鸟变声，亦复欢然有喜。常言：五六月中，北窗下卧，遇凉风暂至，自谓是羲皇上人。

陶渊明希望，孩子们也能拥有这样的快乐。

蔼蔼堂前林，中夏贮清阴；
凯风因时来，回飙开我襟。
息交游闲业，卧起弄书琴。
园蔬有馀滋，旧谷犹储今。
营己良有极，过足非所钦。
舂秫作美酒，酒熟吾自斟。
弱子戏我侧，学语未成音。
此事真复乐，聊用忘华簪。
遥遥望白云，怀古一何深！

——《和郭主簿》

贫穷就没有快乐了吗？不，有太多快乐和金钱没有半毛钱关系。

堂前的树，像贮藏一壶好酒一样，贮藏一夏天的阴凉。有酒，有精神的粮食“书和琴”，有园中的蔬菜，还有剩余的粮食，有孩子一派天真的语言。自己的衣食虽然有限，但也没有过分的渴求。风吹动衣摆，听着风声也是好的。

做自己，很难。我们要和种种的习俗做斗争，要和社会的观念做斗争，要和家族的期待做斗争，要和心中的杂念做斗争。到最后，我们还不一定做成了自己，认清了自己。

辞官回家的陶渊明，碰到的第一个困难是不会种地。

种豆南山下，草盛豆苗稀。
晨兴理荒秽，带月荷锄归。
道狭草木长，夕露沾我衣。
衣沾不足惜，但使愿无违。

——《归园田居》(其三)

“草盛豆苗稀”，陶渊明也是勤快人，地却种成这鬼样子。农民不好当，但陶渊明没有崩溃。

拿起锄头，像世代的农民一样，在泥土上耕作，成了一个在土地上劳作的读书人。而他的劳作，使他的诗歌更贴近了大地，贴近了田园。

陶渊明要自由，于是他放下了不属于自己的一切。我们也希望像陶渊明一样，但我们中的大多数人很难完全放下。

一些人辞了工作，来到田园、河流、山川的旁边，但过了一段时间，孤独、寂寞、空虚，加上经济上的匮乏，“诗和远方”被现实无情击碎。于是又返回喧嚣中继续煎熬。

而我们也忘了，古希腊哲学家苏格拉底的那一声振聋发聩。他曾经光着脚，穿着破衣服在雅典的街头闲逛。面对琳琅满目的商品，他说：“这个世界上，怎么有这么多我不需要的东西啊！”

陶渊明的五个儿子后来怎么样了呢？史书没有记载。但愿他们拥有了快乐的一生。

南朝文学批评家钟嵘在《诗品》里说，陶渊明是“古今隐逸诗人之宗”。但陶渊明和很多隐士不同，他不是为了逃避，也不是走“终南捷径”——以隐居来获取更大的名声和更多关注。他只是依从自己的本心。

所以他说：

结庐在人境，而无车马喧。
问君何能尔？心远地自偏。
采菊东篱下，悠然见南山。
山气日夕佳，飞鸟相与还。
此中有真意，欲辨已忘言。

——《饮酒》(其五)

陶渊明没有把家安在荒郊野外，也没有像终南山的道士一样，去找个山洞修心养性，他还是“结庐在人境”。

陶渊明仍是人间的。听不到车马的喧嚣，不是地方偏僻，而是心离这一切都很远。

陶渊明也毫无在众人面前表演的欲望。如果有手机在旁，他不会为摘下一朵菊花拍照发朋友圈，等待众人点赞；也不会在看到远处的南山后，打电话告诉朋友自己多悠然，因为“此中有真意，欲辨已忘言”。

陶渊明彷徨过，痛苦过，饥饿过，但他超越了这一切。他留下一个充满生机的田园世界，以及一个“桃花源”，使得后来人在动乱世界和残酷的现实步步逼近时，还有地方可以去，还有美梦可以寄托。

为何你这么努力，却还改变不了阶层

鲍照

在电影《雪国列车》里，人被划为不同阶层，身处不同车厢。前面车厢的是高级乘客，有权接受教育，享受纸醉金迷的生活，吃各种美味的食物，甚至还有海洋馆供其玩乐。而火车尾部的乘客，不仅受到各种压迫，而且物资匮乏，吃的是定时、定量用蟑螂做成的食物（而他们并不知情）。

后面车厢的人，永远无法到前面车厢去；而前面车厢的人，也永远无法体会后面车厢人的苦痛。每节车厢的人，正如不同的阶层，彼此隔绝，互不往来。可总有一些来自尾部车厢的人不安分，他们想跨越阶层，发出呐喊甚至反抗，直到生命毁灭。

电影映照出生活。古往今来，想改变卑微阶层的人和事数不胜数。有的成功了，有的失败了。南北朝时期的鲍照，就是一个失败的例子。

鲍照出身普通农民家庭，小小年纪就要从事田间劳作。但他不想像父辈和祖辈那样，永远处在卑贱的最底层。他想改变命运，而改变的唯一方式就是做官。

然而，在魏晋南北朝，士族豪强靠门第垄断仕途。一个世家子弟，生下来就有做官的资格，而寒门子弟却很难出人头地。鲍照利用闲暇读书识字，坚持半耕半读。文才，成为他一跃龙门的唯一期盼。

鲍照确实文采斐然，他想“学成文武艺，卖与帝王家”。但有人劝阻他说:“你太卑微，没有人会看上你。”鲍照勃然作色说:“千百年来，有多少英才异士不被人所知的，根本数不过来！但大丈夫怎么能因此就埋没自己的聪明才智，使得兰花与艾草不分，终日碌碌无为，和燕雀无能之辈为伍呢？”

鲍照把自己的诗呈给开国皇帝刘裕的侄子、临川王刘义庆。刘义庆对他的才华啧啧称奇，马上就赐给他玉帛二十匹。没多久，就提拔他做临川国侍郎。

鲍照以为得到了上流社会的邀请函。可惜，这只是幻象。

士族仍然把控着各种重要官职。鲍照要实现抱负，仍十分困难。他在刘义庆幕府长达八九年的时间中，始终得不到升迁。刘义庆逝世后，鲍照没了靠山，仕途更加坎坷。他丢了工作，后来一度重新入仕，始终沉沦下僚，无法有所作为。终于，在一场宫廷内斗中，鲍照死于乱兵之手。

鲍照一生不得志。他借用汉乐府歌谣《行路难》的名字，写了一组《拟行路难》，共十八首。每一首都郁结着一股悲愤不平之气。

在《拟行路难》（其四）中，他写道：

泻水置平地，各自东西南北流。
人生亦有命，安能行叹复坐愁？
酌酒以自宽，举杯断绝歌路难。
心非木石岂无感？吞声踯躅不敢言。

鲍照用了一个最平淡无奇的比喻，深刻地描画了无数像他一样走投无路的寒门子弟的内心。“泻水置平地”，水朝着不同的方向流去，就像身处高低不同阶层的人，有着不同的境况一样。水的流向，由地势决定；而人的处境，由门第决定。高位者永远在高位，普通人无法掌控自己的命运。鲍照只能借酒来浇除心中的不平。可是心不是木石，怎么可能没有愤懑、没有苦痛呢？但鲍照“吞声踯躅不敢言”。

鲍照没有像陈胜吴广等农民起义军一样，揭竿而起，喊出“王侯将相，宁有种乎”。他选择了一种更温和的方式，用自己的才华去征服上流阶层。遗憾的是，他一心想脱离底层，却一直游离在上流社会的边缘，从来没有被那个圈子真正接纳过。鲍照悲哀地发现，即使才华再出众也没有用，他的年华一天天老去了，却还是一事无成。

对案不能食，拔剑击柱长叹息。
丈夫生世会几时？安能蹀躞垂羽翼！
弃置罢官去，还家自休息。
朝出与亲辞，暮还在亲侧。
弄儿床前戏，看妇机中织。
自古圣贤尽贫贱，何况我辈孤且直！

——《拟行路难》（其六）

他把个人的失意和自古以来的圣贤联系在一起。贫贱是必然的，而他也无法像陶渊明一样辞官回家，在家庭和田园生活里享受天伦之乐。入世之心和贫困的现实使他一刻也无法释然。

鲍照只感到深深的苦痛，他“对案不能食，拔剑击柱长叹息”。后来的李白，正是受了这句话的启发，写下了“停杯投箸不能食，拔剑四顾心茫然”。每一个得不到公平对待的人，内心都是挣扎的，像鲍照一样。

但在王朝之下，谁不是苦苦挣扎呢？寒族难以出人头地，士族因为腐败和无能，也不复往日的荣耀。他们不需要竞争就可以获得高官厚禄，而他们对整个国家和社会没有责任感和使命感，使得皇族不敢倚重他们，也不敢把兵权交给他们，因此士族的政治地位也就岌岌可危了。

而作为九五之尊的皇帝，也不是王朝统治下最幸福的那个人，他有时甚至连自己的性命也无法掌控。刘宋时期，每任皇帝都很短命。好几任皇帝不是被儿子所杀，就是被权臣所害。

有一首民谣就是讥讽刘宋宗室互相残杀的：“遥望建康城，小江逆流萦。前见子弑父，后见弟杀兄。”刘宋的皇子发出了“愿身不复生王家”的悲叹。这种同族相残的悲惨事件一再发生，最后的结果就是刘宋王朝的灭亡。

就好像在电影《雪国列车》里，阶层的固化导致了来自列车尾部底层群众的革命，并最终毁掉了引擎，毁掉了列车，同时也几乎带走了车上所有人的生命。

值得庆幸的是，在鲍照死后一百年，一种新的、相对合理、相对公平的选官制度开始出现。它叫科举制。越来越多的人，不再是靠门第和血统做官，而是靠自身的努力和才能，通过考试选拔进入仕途，乃至进入政治决策层。科举制度，融化了社会阶层固化的坚冰，也凝聚了日益涣散的政权。

这是历史做出的正确选择。我们也看到，一种更具开放性和兼容性的文明，正是在这样的基础上呼之欲出。

谢朓

他少为人知，却是李白最崇拜的人

公元 499 年，中国南方有一个叫南齐的朝代。在它的首都建康，也就是今天的南京，一位三十六岁的诗人冤死在狱中。

他叫谢朓。在后世，他有一个著名的崇拜者，名叫李白。

李白是一个骄傲的人，但吟诵谢朓的作品多达十五篇，所以清人王士禛说他“一生低首谢宣城”。李白还专门跑到谢朓做太守的宣城，在当年谢朓和友人聚会的“谢公楼”，写下崇拜的诗句：

江城如画里，山晚望晴空。

两水夹明镜，双桥落彩虹。
人烟寒橘柚，秋色老梧桐。
谁念北楼上，临风怀谢公。
——《秋登宣城谢朓北楼》

李白在月下伫立，久久不去，也是因为想起了谢朓。“月下沉吟久不归，古来相接眼中稀。解道澄江静如练，令人长忆谢玄晖。”

能如此吸引李白的，必是一位才情绝世之人。但谢朓却是一个告密者，他揭发检举了老丈人——南齐开国将领王敬则。老丈人觉得皇帝疑心自己，干脆一不做二不休，想造反。

他让儿子秘密联络谢朓，准备联合动手。但谢朓觉得不应当这么做，就把事情告诉了皇帝。老丈人的造反没能成功，相反，皇帝还将王家人全部杀掉。谢朓却因举报有功，后来被升了职。

这好像一个侮辱，刻在谢朓心头。他告密，不是为了高官厚禄，而是希望置身事外，不与阴谋反叛者为伍，不卷入任何政治斗争。但他举报的是自己的岳父，妻子从此和他恩断义绝，还经常怀里藏着一把刀，想找机会杀死他，吓得谢朓到处躲藏。当朝的同僚也拿这事取笑他，他活得生不如死。

谢朓的死，也和告密有关。他被卷入一场皇位争夺战，但他拒绝参与任何有关夺位的阴谋。他又一次告密。这次，他被阴谋篡位的人知道了，在皇帝面前倒打一耙，说他想谋反。谢朓遭到诬陷，被残忍杀害。死前，谢朓没有为蒙受不白之冤仰天长叹，而是忏悔因自己的告密导致老丈人死亡。他觉得如今自己的死，是为老丈人抵命。

谢朓生活的南齐，是风雨飘摇的南朝中最短暂的一个王朝——只有二十四年。三十六岁的谢朓经历了两个朝代。在政治高压、社会氛围压抑的环境下，他亲历了太多的阴谋、告密和举报。而最后，他不得不成为一个连自己都唾弃的告密者。

公元 495 年，三十二岁的谢朓从首都建康出发，被派去宣城担任太守。宣城和建康之间的距离并不遥远，不过百余公里，但谢朓依依不舍，看长江远去，更加焦虑自己的未来。

江路西南永，归流东北骛。天际识归舟，云中辨江树。
旅思倦摇摇，孤游昔已屡。既欢怀禄情，复协沧州趣。
嚣尘自兹隔，赏心于此遇。虽无玄豹姿，终隐南山雾。

——《之宣城郡出新林浦向板桥》

谢朓很矛盾，“既欢怀禄情，复协沧州趣”。他不能忘怀文人的理想和抱负，又渴望超然出世。他与南北朝时期另一位杰出诗人谢灵运一样，都是出身名门的贵族，对宫廷生活都非常熟悉。但他们的笔下，仿佛自然才是最好的乐土。

“虽无玄豹姿，终隐南山雾”，谢朓暂时逃离了京城凶险的政治旋涡，从此和雾气腾腾的宣城南山联系到了一起。他做不了一只豹子，但也让自己真正地融入了山林。在他两年的太守生涯里，谢朓俨然宣城的形象代言人，一口气写下二十多首赞美宣城山水的诗篇，篇篇精彩。

余霞散成绮，澄江静如练。
喧鸟覆春洲，杂英满芳甸。

这几句诗，来自谢朓的《晚登三山还望京邑》。他登上高山回望，看到灿烂的晚霞，澄澈的江水，群鸟多得覆盖了小岛，繁花开满芳香的草甸。

晚霞、江水、小岛、芳甸，每样事物都保持着自己的声音和活力。它们互相映照，彼此成就，组成一个广大丰富、圆满自足的宇宙，把危险龌龊的世界挡在门外。

谢朓是渴望清白的人。学者孙兰在《谢朓研究》中说，谢朓“对‘清’之追求，贯穿于诗歌的全部内容”。孙兰还统计出，谢朓所留存的诗中，有六十六处用到“清”字，可见谢朓对此字有着特殊的偏爱。我们也因此更容易理解李白的那句话：“诺为楚人重，诗传谢朓清。”

谢朓始终相信，有一个更美、更澄澈的世界存在着，它更持久，更有力，只是自己看不到了。

大江流日夜，客心悲未央。
徒念关山近，终知返路长。

谢朓是有污点的。他的人性中有美好的一面，也有经不起拷问的另一面。而这是因为当时严酷的政治和社会环境，让人性的恶得以释放，乃至放大。谢朓终生为此背负良心的谴责。今天的我们，远离了谢朓那个告密的时代，但愿从此拥有谢朓所渴望的人性的美好。

谢朓离去了，他笔下的山水还活着，我们因此而怀念他，并用他写的一首《怀故人》来作为文章的结束：

芳洲有杜若，可以赠佳期。望望忽超远，何由见所思？
我行未千里，山川已间之。离居方岁月，故人不在兹。
清风动帘夜，孤月照窗时。安得同携手，酌酒赋新诗。

唐朝

骆宾王

那个七岁写出《咏鹅》的孩子，后来怎么样了

骆宾王有两首歌咏动物的诗广为人知。一首是七岁时所作的《咏鹅》，在老家义乌的池塘边，看着一群戏水的白鹅，他咏道：

鹅，鹅，鹅，曲项向天歌。
白毛浮绿水，红掌拨清波。

这首诗很快家喻户晓，而骆宾王也一举成名。第二首是他快六十岁时，在京城长安的监狱里所写的《咏蝉》。

西陆蝉声唱，南冠客思深。
不堪玄鬓影，来对白头吟。
露重飞难进，风多响易沉。
无人信高洁，谁为表予心？

他感觉自己就是那只不被人理解的秋蝉。

入狱前，骆宾王担任侍御史，负责侦查、审办贪赃枉法的案件。这是一个六品官职，职位虽不高，但工作很重要。骆宾王刚正不阿，秉公执法，却得罪了同僚，被构陷弹劾下狱。

“无人信高洁，谁为表予心？”

骆宾王有一种清白被污的冤屈感，更有世无知音的寂寞之感。而这，不仅属于骆宾王一个人，更是无数忠贞不贰、含冤负罪之人的共同心声。

“露重飞难进，风多响易沉。”

这两句对仗极好，不仅有听觉的美感，读起来也朗朗上口。仿佛是说秋蝉，又时时在说人。如果我们了解骆宾王的过去，会更深刻地理解这句话，因为环境的压力、政治上的不得意、言论上的受压制，贯穿了骆宾王坎坷的一生。

性格决定命运。

在唐朝，科举考试也绕不开拉关系走后门的潜规则。想要中第，考生们不是光有才华就可以的，他们还必须绞尽脑汁，千方百计求得权贵的引荐。有的人，还把自己得意的诗文献给达官贵人或是社会名流，以求得他们的赏识，制造有利于自己的舆论和影响。

骆宾王虽然出身寒微，却耻于走这条路。在自传体长诗《畴昔篇》的开头，他谈到自己进京考试的情景：

少年重英侠，弱岁贱衣冠。
既托寰中赏，方承膝下欢。
遨游灞水曲，风月洛城端。
且知无玉馔，谁肯逐金丸！

意思是说：自己少年时期重侠任义，不在乎仕途官宦、权贵显要。但正当自己“承欢膝下”的时候，却因为父亲的亡故，只能匆匆赶赴京城求取功名。尽管如此，骆宾王仍然利用考试间隙，尽情地游览京城的胜迹，领略洛阳的风光。明知处境艰难，也决不追逐权贵，乞求赏赐。

然而，现实是残酷的，骆宾王最终名落孙山。

经过几年奋斗，骆宾王谋得了一个卑微的职位，却又遭人排挤，被罢去官职，原因又和他桀骜不驯，看不惯官场中逢迎拍马风气的品性有关。

为了讨生活，骆宾王去给豫州道王李元庆当差。李元庆是唐高祖李渊的第十六个儿子，唐太宗的异母弟。他爱才好士，性格豪爽豁达，对骆宾王的文章诗赋甚为欣赏，对骆宾王也分外器重。三年任期满后，李元庆想推荐提拔骆宾王，要他写一封自荐书。一般人肯定求之不得，一定会抓住这个机会，好好自我表扬一番，借此加官晋爵。但骆宾王觉得，鼓吹自己的长处，掩饰自己的不足，不是正人君子所为，于是拒绝了。

在官场混迹近十年，骆宾王依然这么直来直往，没有学会投机钻营的本领，遂干脆辞官回家了。

他种地以维持全家的生活，但这谈何容易。由于生活艰难，加上母亲和自己身体都不好，最终使骆宾王一家连基本的吃饭问题都无法保障了。

满头白发的骆宾王不得不再度出山，又回到阔别十七八年之久的长安去谋职。而他，又因为坚持原则，有了文章开头所说的牢狱之灾。

幸运的是，朝廷大赦天下，骆宾王也被从监狱里放了出来。但他还是秉性不改，看不惯的事情一定要管，不公平的事一定要说。他马上有了一个最看不惯的人物：武则天。

武则天本是唐太宗李世民的一个宫人，后被高宗所纳，经过许多腥风血雨，最终做了皇后。高宗逝后，一手掌控天下权柄的武则天有称帝之意，这引发了很多忠于李唐皇室人的不满，但都敢怒不敢言，骆宾王却按捺不住了。

公元684年9月，唐朝开国功臣徐懋功的孙子徐敬业在扬州起兵讨伐武则天。骆宾王加盟了这支队伍，并且贡献了被后世广为传诵的《为徐敬业讨武曌檄》。

……班声动而北风起，剑气冲而南斗平。喑呜则山岳崩颓，叱咤则风云变色。以此制敌，何敌不摧？以此图功，何功不克！……

慷慨激昂，气吞山河。武则天知道这篇文章以后，反而被作者的文采所折服。她对其中一句："一抔之土未干，六尺之孤何托？"印象最为深刻。

武则天问朝臣："此文是何人所写？"

回答："就是那个写了《咏鹅》的骆宾王。"

武则天说："这是宰相的过失。这么有才的人，你们不能把他招聘到朝廷里来，却让他流落到这步田地！"

不知道一生坎坷的骆宾王，得知这样的评价会作何感想。

扬州兵变只持续了四十五天，很快，反叛的军队被镇压，骨干统统被杀，骆宾王从此失踪。有资料说，他是被抓获处斩了；也有资料说，他隐姓埋名逃亡了。

据《唐才子传》记载，扬州兵变后数十年，唐朝又一位著名诗人宋之问来到江南，夜游杭州灵隐寺。他有感而发，在月夜下吟诗。刚吟到“鹫岭郁岧峣，龙宫锁寂寥”，就卡了壳，很久也想不出让自己满意的下一句来。

正在苦恼，一位老和尚走过来问：“年轻人，怎么深夜还在用功？”宋之问如实相告。

老和尚说：“‘楼观沧海日，门对浙江潮。’何不这么接呢？”

宋之问大为叹服，第二天正想进一步讨教，老和尚却不见了。

一打听，才知道他就是鼎鼎大名的骆宾王。

这个故事，传说的成分居多，但我倒希望是真的。骆宾王到老，依然在浊世中向往澎湃和激情。然而他的一生，有着深深的悲剧色彩。我希望，这个高洁自持的生命，既然有一个咏鹅的美好故事做开头，那么，也让它有一个美好的故事作为结尾吧。

贺知章

从《长安十二时辰》说起

小说《长安十二时辰》中，靖安司的司丞李必对何监说：“老师二十年前的杰作，写尽了大唐盛景。”何监说：“写尽了吗？也对，尽了。过去的大唐好啊，过去了，都过去了。”

作为一个已经八十多岁的老人，何监把一生奉献给大唐盛世，但最后只能朝着伟大时代的离去投下深情的一瞥。

何监的原型就是我们从小就熟知的唐代大诗人贺知章。他作为一个政治家的一面，我们所知甚少，历史上也少有相关记载。

尽管如此，何监的故事仍然打动了我。

历史上的贺知章，首先打动我的，是他的回乡。

与小说中的何监一样，贺知章也是皇帝面前的大红人，做过礼部侍郎、工部侍郎、太子宾客、秘书监等职，在朝里任职五十多年，是元老级的人物。

贺知章在八十六岁高龄告老还乡，唐玄宗依依不舍，下诏在京城都门外设立帐幕，皇太子、百官为他饯行。唐玄宗还写诗赠他：

遗荣期入道，辞老竟抽簪。
岂不惜贤达，其如高尚心。
寰中得秘要，方外散幽襟。
独有青门饯，群僚怅别深。

——《送贺知章归四明》

这是贺知章一生的巅峰时刻，备显荣华。但贺知章的回家路，走得安静多了。

少小离家老大回，乡音无改鬓毛衰。
儿童相见不相识，笑问客从何处来。

——《回乡偶书》（其一）

离别故乡五十余载，声名赫赫的贺知章回来了。他以一种平和、谦卑的姿态站在故乡的面前，如一个孩子站在母亲的面前。孩子们笑着问这个老人：“客官，你从何处来？”

贺知章没有夸耀自己的官衔、权力、京城的绚丽，他用朴实无华的语言表达了对生命的理解。这首诗，被传诵至今。

贺知章另一打动人的地方，是对人才的发现。

我们都知道，作为诗人，李白是很伟大的，但在当时的唐朝，主流的诗歌圈子并不了解他、认可他。

在很长一段时间，宫廷、贵族掌握着诗歌的主流趣味。他们喜欢什么、爱好什么，这很重要。只有他们喜欢、认证过的诗人，主流文化圈才点赞，热捧。

和其他贵族不同，贺知章是从底层上来的。他是浙江历史上第一位有史可查的状元，“吴中四士”之一。其他几位，有写下《春江花月夜》“孤篇压全唐”的张若虚，有著名的书法家兼狂士张旭，还有包融。他们透露出新鲜的气息和情趣，为京城带来了新的风貌和血液。

而在宫廷之内，文学的扶持力量也在发生变化：张说和张九龄都是盛唐时期著名的宰相，他们都来自相对寒微的底层。张说提拔了张九龄，而他们又共同提拔了贺知章。

贺知章相信，这个时代最伟大的诗篇不是出自京城，而是来自京城之外，在民间，在路途上，在流放地，在心灵冲突的紧要处。

天宝元年，也就是公元742年，八十三岁的贺知章在京城见到一个四十一岁的中年人。这个叫李白的中年人把自己写的《蜀道难》给他看。刚读了开头，贺知章就知道，伟大的诗歌来到了，他惊呼李白是天上的“谪仙人”。

贺知章也喜欢饮酒，杜甫的《饮中八仙歌》第一个说的就是他：“知章骑马似乘船，眼花落井水底眠。”说贺知章酒驾，骑在马上前俯后仰，像坐船一样。他醉酒眼花，掉到井里，不仅没醒，还在井底酣然入眠。

一个高级官员，是这样一个随性的人，他拉着李白就往酒楼跑，两人一醉方休。买单时，贺知章发现身上没带银子，他不急恼，解下腰间皇帝赐给的金龟作了酒钱。

唐朝到底是唐朝。有逢迎拍马的人，有投机取巧的人，但一定有热爱诗歌的人。仅仅因为一首诗歌，就可以让两人跨越职位、权力，坐在一起喝酒。

这一点，贺知章和李白很像。

实事求是说，不仅有贺知章，还有玉真公主等重要人物的努力，才使得李白真正进入主流的诗歌圈子，并被唐玄宗接见。

李白很感谢贺知章，把他视为知己。贺知章去世后，他怅然若失，回忆往昔，写下《对酒忆贺监》二首，其中一首是：

四明有狂客，风流贺季真。

长安一相见，呼我谪仙人。
昔好杯中物，翻为松下尘。
金龟换酒处，却忆泪沾巾。

贺知章一生留下的诗歌很少，也就二十首左右。作为诗人的贺监，好像对自己的诗歌并不在意，而是更关心别人的诗歌。

在他一首著名的《咏柳》里，他写道：

碧玉妆成一树高，万条垂下绿丝绦。
不知细叶谁裁出，二月春风似剪刀。

诗歌后两句真是天趣盎然，像小孩子的语言。

贺知章的眼光的确不同，能从柳树的细叶想到春风如一把剪刀，正在把它细细裁剪。

好的剪刀可以裁出一段锦绣春光，坏的剪刀能把一切人才毁坏殆尽。

有李白，也要有发现李白的伯乐。一个又一个推手将新的天才、新的团体、新的诗歌形式和内容推向京城、推向诗坛潮流的风口浪尖，唐诗才真正呈现出百花齐放、百家争鸣的盛大景象。

孟浩然

你在朋友圈岁月静好，却在生活里苦苦挣扎

有两个孟浩然。更多人知道的，是岁月静好的那一个。

> 吾爱孟夫子，风流天下闻。
> 红颜弃轩冕，白首卧松云。
> 醉月频中圣，迷花不事君。
> 高山安可仰，徒此揖清芬。
>
> ——《赠孟浩然》

这是李白的诗。作为第一粉丝，李白喊出了他对孟浩然的爱：这是一座只能在其脚下跪拜，赞美其高洁的大山。

作为隐士的孟浩然，常年住在老家湖北襄阳。这里，以盛产隐士而著名。而曾经最著名的一位是庞德公。他是东汉末年的隐士，连诸葛亮都很看重他。庞德公隐居在鹿门山，采药而终。孟浩然很崇拜他，在庞德公隐居的地方附近，也建了一个小屋居住。

孟浩然写道：

山寺钟鸣昼已昏，渔梁渡头争渡喧。
人随沙岸向江村，余亦乘舟归鹿门。
鹿门月照开烟树，忽到庞公栖隐处。
岩扉松径长寂寥，惟有幽人夜来去。

——《夜归鹿门歌》

在傍晚，别人回到人烟稠密的村庄，独有孟浩然回到孤寂的鹿门山去。他享受这种孤单，这种宁静。“惟有幽人夜来去。”这是庞德公的精魂，也是孟浩然自己。

孟浩然还写了一首名为《夏日南亭怀辛大》的诗，也给人遗世独立的感觉：

山光忽西落，池月渐东上。

散发乘夕凉，开轩卧闲敞。
荷风送香气，竹露滴清响。
欲取鸣琴弹，恨无知音赏。
感此怀故人，中宵劳梦想。

夏日的骄阳如此厉害，但它却忽然落下去了。池塘的月亮，慢慢地升到高空。那炙热、烦躁的白日世界结束了，美好的夏夜随着月亮一起升起。

孟浩然把头发都散开了，打开窗户，躺卧在这夏日的夜晚。

在炎热的夏夜，不能没有风。果然，风来了，而且是轻轻地吹来，吹过池塘的荷叶，吹过竹林，送来荷花的清香。而竹叶上的露水摇晃着掉下，发出清幽的声响。

这是一个多么潇洒的孟浩然。

在古代，散发通常不被提倡，被认为是疯子的行为。就像我们现在形容一个人样子不端正，就说他“披头散发”一样。那时，要把头发束起来，仔细修饰。它和人的性别、年龄、阶级、职业、身份都紧密相连。

但“散发”也是对古板、僵化生活的一种反叛，它告诉人们要遵循自己的内心去生活。在一个人放浪形骸的外表下，有一颗更值得重视的心去关照。

而正是因为孟浩然的这种隐逸潇洒，使得诗仙李白也敬佩起他来。

可是，还有另一个孟浩然——杜甫眼中的孟浩然。

吾怜孟浩然，短褐即长夜。

赋诗何必多，往往凌鲍谢。

清江空旧鱼，春雨余甘蔗。

每望东南云，令人几悲吒。

——《遣兴》（其五）

这却是一个破衣烂衫、贫病交迫的孟浩然。在冬天寒冷的夜晚，连被子都没有，冻得不能安眠，于是披一种叫“短褐”的粗布衣服坐起来，眼睁睁在漫长的夜里等待天明。

到底哪一个才是真正的孟浩然呢？

孟浩然在年轻时，真有一种悠闲的情趣在。他喜欢花草树木，喜欢鸟鸣，喜欢在自然中散步，在隐居生活中自得其乐。

但三十岁以后，他对自己的怀疑越来越多。

遑遑三十载，书剑两无成。

三十既成立，嗟吁命不通。

他有一种深深的失落感，他不知道自己以往的坚持是不是正确的。

他的一个好友，叫张子容，曾经和他一起做隐士，如今出山去长安应试，考中了进士，当官施展抱负去了。

他的另一个好友王昌龄，早年贫苦，主要依靠耕种维持生活，后来也去参加考试，一举登第，授为秘书省校书郎。

而他呢？还在襄阳这个三线城市里做着隐士，穷困潦倒，空有一身写诗的本领。他的父母虽然爱他，但对他都有世俗的期待。

于是，大唐开元十六年（公元728年），四十岁的湖北人孟浩然第一次来到长安，他也打算参加科举考试了。

遗憾的是，孟浩然虽然诗写得好，但考试却不行。他落榜了。他到处找关系、托朋友帮忙，却于事无补。于是，他打算离开长安，临走之时，给朋友王维留下一首诗，作为最后的告别：

寂寂竟何待，朝朝空自归。
欲寻芳草去，惜与故人违。
当路谁相假，知音世所稀。
只应守寂寞，还掩故园扉。

——《留别王维》

他真的是这么做的，他遵守了诺言，回到家乡，从此再也没有去过长安。他彻底地成了一个平民，一个隐士，一个幽人。他死在了襄阳。

人是矛盾的，因为矛盾才更显真实。我们喜欢简单一点，纯净一点，但现实生活里，我们却太世俗、太功利了。我们希望，有一个人能代替我们去纯净地活。如果没有，我们甚至要塑造一个。

于是，我们常常记住的，是一个岁月静好的孟浩然，而忘却了那个一直在生活里苦苦挣扎的孟浩然。

但其实，如果我们理解了孟浩然四十岁时那次去长安的心跳经历，那种挣扎和矛盾，也许才能更懂得英国作家奈保尔的那句话:“生命和人是谜团，是人真正的宗教，是灰暗和灿烂。”

王维

在名利场中，忘记名利

在唐朝，有一位风度翩翩、才华横溢的诗人。

他幼时就以神童闻名，九岁知诗词，工草隶，懂音律；十五岁独自离开家乡山西蒲州，到长安来寻求功名；十七岁时，写下名篇《九月九日忆山东兄弟》；二十一岁，进士及第……

他名动长安城。《旧唐书》里说，各个王侯、豪强大族、地位显赫的人家，都欢迎他，喜欢他。最显赫的宁王李宪和薛王李业，也都待他如座上宾。唐睿宗第四个儿子，玄宗的弟弟岐王李范更带着他每日游历各处，欢宴玩耍。

这个诗人，就是王维。这样一个优秀的人，在这样的名利场中，却也并不快乐。

这要从公元755年说起。

这一年，范阳节度使安禄山终于按捺不住，起兵造反。一年后，攻陷长安，唐玄宗李隆基仓皇西逃。然而，一些没来得及逃走的官员和百姓就此成了俘虏，其中便有我们的诗人王维。

安禄山威逼被俘虏的官员在他的政府继续担任官职。王维不甘心依附，消极抵抗，吃药谎称自己哑了。安禄山便派人把他带到洛阳，拘禁在寺庙里，强迫他接受伪官职。

公元757年，大唐军队收复了洛阳，大唐皇帝也回来了，所有在安禄山政府担任过伪官职的官员都要被清算，王维也在其列。

但结果让人意外，王维仅被降阶一级，没有被流放，也没有被杀。

有后世的学者说，是因为新皇帝唐肃宗为王维的文学才华所倾倒，而王维在被俘期间，也写过一首名为《凝碧池》的诗，表达了对李唐王朝的忠心。另一个重要的原因是，王维的弟弟王缙当时是刑部侍郎，他甘愿免职为哥哥赎罪。这打动了唐肃宗。

王维依然站在被宠幸的、早朝的队伍里，他甚至离皇帝更近了，继续写歌功颂德的诗：

绛帻鸡人报晓筹，尚衣方进翠云裘。

九天阊阖开宫殿，万国衣冠拜冕旒。

日色才临仙掌动，香烟欲傍衮龙浮。
朝罢须裁五色诏，佩声归向凤池头。

——《和贾舍人早朝大明宫之作》

与从前的很多诗歌类似，王维这首诗的意象依然那么热闹，鲜艳夺目。头戴红巾的卫士、翠绿的云裘、早朝的百官、曙色中辉煌的宫殿、万国的使节、浮动的香烟、五色的圣旨诏书、威严的皇帝，以及他的衮龙袍绣，仿佛使人身处一个繁华的名利场。

但王维其实已不是过去那个王维了。

他有一篇文章，说自己“伏谒明主，岂不自愧于心？仰厕群臣，亦复何施其面”。王维低下头跪拜贤明的君主，心中充满惭愧。他抬起头，不知道自己的脸该往哪里放。周围的大臣，有的是跟随皇帝打回来的，有的是当年忠贞不屈活下来的。而王维的活，却像一个巨大的讽刺。

安史之乱，让那么多人死了。最美丽的女人杨贵妃死了，最重要的权臣杨国忠死了，还有更多的官员和百姓也死了。可是王维却还屈辱地活着。

王维一边在朝廷任职，一边回到他长安附近辋川的别墅里去。他更多的时间待在那里，常邀请一位叫裴迪的朋友到此。两个人吟咏酬唱，各写了二十首小诗，编成一本很小也很重要的集子，叫作《辋川集》。

在其中，我们能见到那些耳熟能详的句子：

比如：

独坐幽篁里，弹琴复长啸。
深林人不知，明月来相照。

再比如：

木末芙蓉花，山中发红萼。
涧户寂无人，纷纷开且落。

再比如：

空山不见人，但闻人语响。
返景入深林，复照青苔上。

竹林、明月、春涧、青苔、各种花草树木、光线……组成一个静谧美好的世界，这不是“采菊东篱下，悠然见南山”的隐士世界，也不是“人生在世不称意，明朝散发弄扁舟”的侠客世界，这是新的世界。这世界是王维开创的。

这是一个永恒的世界。无所谓生，也无所谓死，甚至生死连接在一起。就像王维所说，“行到水穷处，坐看云起时”。一切都是自然的，不用为“水穷”而哭泣，也不用为“云起”而欢呼雀跃。

王维也曾如此入世，但现在，他如同站在时间和生命的尽头，让自己和自己的文字洗去铅华。

他学会了如何面对死亡。

王维一辈子都在名利场中，王维的官职还在继续上升。五十五岁，他官至尚书右丞，相当于现在的部级官员。而他越是位高权重，生活就越是节制、慎重。他有条不紊地生活，在名利场中忘却了名利。

王维信佛，因为喜欢《维摩诘经》，所以字“摩诘”。晚年的王维，素食素衣，退朝回来，便独自在家里焚香静坐，摒弃杂念，冥想诵经。

公元761年7月，他知道时日无多，给亲友们写信，劝勉他们念佛修行，之后把笔丢掉，与世长辞。他家宅里一无所有，只有几样简单的生活用具：茶铛、药臼、看经书的书案，以及绳床。

在生前，王维曾请求把私宅捐给佛寺。他得偿所愿。

由“空”组成的词，有时候不是一个好词。

比如，“空洞”。“这个人真空洞”，让人想起一棵被虫蛀过的树，里面空空如也，什么也没留下。

再比如，“空虚”。如果一个人空虚，那么，很不幸，他也就和寂寞、无聊、苦恼、倦怠等词语联系到了一起。有朋友甚至以“空虚”为内容，凑了一副对联：上联“羡慕嫉妒恨”，下联“空虚寂寞冷”。

钱包“空了”，也不是什么好消息。没有钱，买不了菜，买不了给爱人的玫瑰，买不了房子。还有，如果考试，很多题不会，留下一大片空白，这也是我们不喜欢的“空”。

空，空空荡荡，无依无靠，一无所有，一个好“可怜”的词。

但在王维这里，他喜欢“空”，在诗歌里也常用到空，比如，下面这首：

空山新雨后，天气晚来秋。
明月松间照，清泉石上流。
竹喧归浣女，莲动下渔舟。
随意春芳歇，王孙自可留。

——《山居秋暝》

一开始，就劈头来个“空”字。但这个空不是“空洞”的空，“空白”的空，而是“空旷”的空。一座寂静的山，人烟稀少，又是傍晚，人待在那里，会不会孤单，会不会害怕?

在王维的诗歌里，没有任何的不安。空旷的山林，夜晚下过一场新雨，气温降低，使人感到初秋的凉意。皎洁的明月慢慢升起，月光从松树的枝叶间隙里照下，清泉从山石上流下来。

竹林喧响，是洗衣的女孩回来了。莲叶从两旁轻轻地分开，那是顺流而下的渔船划破月色。任凭你春天草生草长，秋天草枯草黄，王孙自可以在山中久居。

在这里，“王孙”不是指古代帝王的子孙，而是指和王维有着一样性情和爱好的人。

这首诗，如果用一个字覆盖全部，那就是这个“空”字。空笼罩一切，空山、新雨、明月、松林、清泉、竹子、莲花、渔舟、浣纱的女子……一个空的世界。空不是空白，空里面有光、有色彩、有声音、有内容。

空，不寂寞，月亮、清泉、浣女、渔舟那么友好，你可以与之交谈。空，不表示死亡，它有一种活泼泼的生机在。

所以，王维说：“随意春芳歇，王孙自可留。”不仅王孙可停留，每个人都可停留。

王维诗歌里，提到“空”字的还有很多。比如，“人闲桂花落，夜静春山空”“山路元无雨，空翠湿人衣”“自顾无长策，空知返旧林”“薄暮空潭曲，安禅制毒龙”……

佛教说，一切皆空。王维是佛教徒，他也主张空。空，是认识到无常，放下旧有的执迷，保持心灵的澄澈，只有这样，才能容纳一切，映照万物。

杜甫

一个以梦为马的人

杜甫第一次看到“照夜白”，就被吸引住了。“照夜白”不是普通的马，是西域的国王进献给唐玄宗的汗血宝马。唐玄宗深爱它，把它当作座驾，南征北战，立下无数战功。

这马毛色很白，甚至能把黑夜照亮，所以被称为“照夜白”。唐玄宗不时地让宫廷画家给心爱的宝马作画。在那么多宫廷画家里，画马最出色的，是画家曹霸。

杜甫看过画家曹霸的真迹。画册上，“照夜白”相貌清癯，全身肌肉如钢如铁，仿佛可以承受千钧之力。

杜甫觉得，曹霸画出了马的精髓，“一洗万古凡马空”，这是杜甫心目中马的形象。

胡马大宛名，锋棱瘦骨成。
竹批双耳峻，风入四蹄轻。
所向无空阔，真堪托死生。
骁腾有如此，万里可横行。
——《房兵曹胡马诗》

马的筋骨要如刀锋般锋利，两耳如竹片一样尖薄，这样跑起来，才会迅疾如风，无所不达。

这样的马，方可“所向无空阔，真堪托死生”。而这，其实就是杜甫心目中的盛唐形象：勇敢、无畏、一往无前、充满生命力、得到所有人的信任和托付。

然而，渐渐地，大唐对马的观念发生了改变。马不再是驰骋沙场、报国杀敌的利器，而是变成一种特权、一种身份的象征。皇室的庆典，离不开漂亮的舞马表演；装饰华美的矮种马，载着唐朝的纨绔子弟赶赴都市的各处宴席。

安禄山敏锐地发现了这些变化，他努力取得皇帝的信任，暗暗壮大自己的势力，将大唐在西北军马场里的好马挑选出来，送往幽州。

在美术界，曹霸的画也不流行了，流行的是他的学生韩干的画。体态丰腴的马成了绘画的主角。它们有着漂亮的鬃毛，披挂美丽的绫罗绸缎，可就是不能飞驰了。

终于，安史之乱爆发，安禄山的战马从幽州长驱直入，踏破了长安城。心力交瘁的唐玄宗骑着自己最心爱的“照夜白”匆匆逃离，而那些跑不动的体态丰腴的马都做了战俘。

若干年后，杜甫在成都意外地见到曹霸。这个大唐盛世最著名的画家也成了漂泊的浪子，他不再画万里疾行的战马，而是画寻常的路人。杜甫感慨万千，写下《丹青引赠曹将军霸》：

……

即今漂泊干戈际，屡貌寻常行路人。

途穷反遭俗眼白，世上未有如公贫。

但看古来盛名下，终日坎壈缠其身。

人的命运，也是马的命运。在安史之乱中，杜甫曾看到一匹官军的战马，在一次讨伐安禄山的奔袭中，它不幸跌倒，受了伤，被官军遗弃在路旁，瘦弱的身躯上满是污泥，经受着风霜雨雪的侵袭，它神情惨淡，目无光泽。杜甫觉得这马就好像是自己。

骑驴十三载，旅食京华春。

朝扣富儿门，暮随肥马尘。
残杯与冷炙，到处潜悲辛。

当年杜甫在长安求取功名，跟在别人的马后，仰人鼻息。往后的几十年，杜甫把自己活成了一匹病马。

乘尔亦已久，天寒关塞深。
尘中老尽力，岁晚病伤心。
毛骨岂殊众，驯良犹至今。
物微意不浅，感动一沉吟。
——《病马》

杜甫病了，杜甫的马也病了。天寒地冻，山高路远，一个病中的诗人骑着一匹疲惫的病马，他们要去哪里呢？

此前，杜甫多么狂傲，他要“致君尧舜上，再使风俗淳”。但在现实面前，他碰得头破血流，终于不情愿地承认自己是一个平庸的人。

马也是这样，即使优秀如“照夜白”，也只是做了唐玄宗逃跑的坐骑，最后免不了病老之时被遗弃，在自由驰骋的梦想中死去。

没有人在意病马和骑病马的杜甫，只有他们彼此惺惺相惜。

杜甫就好像堂吉诃德，他骑着病马向时代的风车冲去，想挽留大唐的盛世，但注定失败，他和马都被风车卷起，摔个粉身碎骨。尽管如此，杜甫仍然用他的诗歌书写了一种伟大的精神，被我们今天的人铭记。

迟日江山丽，春风花草香。
泥融飞燕子，沙暖睡鸳鸯。

——《绝句》(其一)

我以前读这首诗，不记作者的名字。直到某天才知道，这是杜甫所写。我感到惊讶。杜甫的诗歌里，原来不是只有忧国忧民，还有对微小生命的体贴和关怀，对美和自然的爱啊。

在我脑海里，杜甫曾长期是严肃的、被生活摧残得愁眉苦脸的形象。他经历过唐朝最黑暗的时代，受过苦，挨过饿，目睹过死亡，自己也差点被杀掉。他是怎么挺过来的？我不知道。

直到我读了更多的杜甫的诗歌，比如，“繁枝容易纷纷落，嫩蕊商量慢慢开”“舍南舍北皆春水，但见群鸥日日来”“黄四娘家花满蹊，千朵万朵压枝低。留连戏蝶时时舞，自在娇莺恰恰啼”……我慢慢地知道，杜甫的心中也有着无数鲜活的生命，它们欣欣向荣，不可穷尽。

而这，也许就是帮助他更充盈地活下去、写下去的重要力量。

我终于明白，杜甫的丰富远远超出我的想象。

在今天，很多人都很焦虑，学生焦虑考试没考好，大人焦虑找不到好工作；父母焦虑小孩的教育问题，孩子焦虑繁重的课业……每个人都觉得自己过得太紧张，焦虑到无法坐下来欣赏天空的白云，夜晚的虫鸣，路旁新长出的野花……生活果真把我们逼到如此境地了吗?

杜甫也焦虑，他有过很多失败，但我们在他的诗歌里依然能感到一种勃勃生机，感到一种对美的欣赏和自在。

从杜甫的小诗里，我们也许能明白，人心很深奥，却又轻浅得令人不可思议。而人，就是靠着这种轻浅活下去，活着的每一天就是获得的每一天。

李龟年

谁是唐朝的歌坛巨星

台湾广播金钟奖得主、电台主持人马世芳说过："想想历史上有多少伟大的演出，演完了，也就随风而逝了，只有极少数有幸在现场的人，才有机会领受那样的伟大。我们真的要感谢有人在现场按下了录音按钮，留下那些闪闪发光的时刻，让我们今天的人可以听到。"

我有时候想，要是有人录下唐朝的音乐该多好。这样，我们就不仅仅是梦回唐朝，也能在声音里——在音乐里回到唐朝。

《霓裳羽衣曲》到底飘出了怎样的盛唐气象，让中唐诗人白居易如此惊艳，并写下了诗句"千歌万舞不可数，就中最爱霓裳舞”？杨贵妃到底如何舞若惊鸿，如何千娇百媚？谁有幸在现场？我有无数的疑问，无数的向往。

但没有一个按下录音按钮的人，我们也无法聆听来自唐朝的音乐，看到贵妃曼妙的舞蹈。

幸运的是，我们还能从流传至今的古诗词里，追忆、想象大唐的音乐，并记住那些弹奏出大唐盛世之音的音乐人。

比如，李龟年。

作为安史之乱以前长安城最有名的歌手，他因与两兄弟联手创制出《渭川》曲而声名远播，深得唐玄宗赏识。遗憾的是，他的作品没有流传下来。不过有一首著名的诗，杜甫写的：

岐王宅里寻常见，崔九堂前几度闻。

正是江南好风景，落花时节又逢君。

——《江南逢李龟年》

平淡的诗，平淡的句子，明末清初的学者黄生却说这是杜甫七绝的压卷之作。“今昔盛衰之感，言外黯然欲绝。见风韵于行间，寓感慨于字里，即使龙标、供奉操笔，亦无以过。”

龙标、供奉分指王昌龄与李白，他们的七言绝句在唐诗中成就最高。黄生竟然说，即使是李白和王昌龄写，也不过如此。这是喝醉了酒说胡话，还是真有他的道理呢？

岐王是唐玄宗的弟弟李范，崔九是唐玄宗时期执掌朝廷礼仪的殿中监崔涤，这两人都是皇帝面前的红人，众人艳羡的达官显贵。

不是随便谁，都能见到岐王和崔九的；不是随便谁，都能被他们召见的。

但他是光芒万丈的盛唐时，光芒万丈的李龟年。

在盛唐，不能没有音乐，就像不能没有诗歌。唐玄宗是一位政治家，也是一位多才多艺的音乐家。因为皇帝的重视，高标准的要求，在那个时期，也涌现出很多杰出的音乐家。其中，李龟年是最突出的一位。

作为唐朝的歌坛巨星，唐玄宗最宠幸的音乐才子，李龟年为盛世谱写音乐。

岐王李范也十分喜欢音乐和艺术，自然也喜欢李龟年。

在岐王的宅院里，在崔九的堂前，一定发生过许许多多难忘的聚会。无数的美酒、精彩的华服、动人的音乐和诗歌、目不暇接的舞蹈、来自五湖四海的朋友……所有的细节，都在构成一个绚烂的盛唐。在这盛唐里，也有李龟年在歌唱。

以为会一直这么唱下去的，直到永远。

但安史之乱来了。战乱之火在大唐境域熊熊燃烧。唐玄宗跑了，达官显贵们跑了，平民也四散流亡。跑不掉的人，躲起来，饿死了，或者被叛军杀了，或者下落不明。

李龟年也跑了，杜甫也跑了，混在逃难的人群中。

长达八年的安史之乱后，再没有了盛唐气象，再没有了开元盛世，再没有了岐王和崔九堂前的歌舞升平，当然也再没有了李龟年的歌唱。

诗人和歌唱家云散漂泊，贫困不堪，四十年后，他们竟然在江南重逢了。

都是老人了，他们互相看着，能认出对方吗？能认出当年的自己吗？他们会唏嘘感叹些什么？

杜甫，朝廷的官员，著名的诗人，如今只是一个命运多舛的流民。

李龟年，大名鼎鼎的歌唱家，皇帝身边的红人，如今却成了社会上靠演唱谋生的落魄歌手。这不就是今天我们随处可见的乞讨卖艺之人吗？

暮春时节，在江南的风景里，杜甫和李龟年相遇了。他们会说什么呢？谈起那些璀璨的岁月，故人旧友，还是讲述后来一次又一次的逃难？李龟年会为杜甫再歌唱一曲吗？

在杜甫整首诗里，没有一个字讲失去，说的只是相逢。但读者总感到，在这首诗里，笼罩着一个幽灵。一个危险，正在偷偷靠近那极乐的繁华时代。

正是江南好风景，落花时节又逢君。

在这风景里，美好和不幸是交相映衬、同时绽放的。“我们都是死里逃生的人，我们都还能坐在这里看美好的风景，但落花也在提醒我们，繁华是结束的时候了。”失去的，将永远失去。眺望的，是完全没有希望的未来。

据说，这首诗写于公元770年。那也是杜甫去世的年份。

李龟年什么时候死的，我没有查到可靠的相关记载。一个乞丐歌手死了，会有人记得吗?

人越老，越容易遗忘。

有人和别人聊天，明明话在嘴边，结果一个打岔，就不记得要说什么了。他为此写日记，记下自己的所见所想。他以为，这样可以保护他的记忆。

但还是有遗忘的东西。因为每个人的视角不同，我们自以为正确的记忆，随着时间的流逝，也会发生扭曲和变形。在生命的长河里，我们想找到更多的见证者。

然而，我们当年的那些长辈、亲戚、朋友、同学、玩伴……都去了哪里?

他们有的去了别的城市，有的进了坟墓，有的音信全无……他们带走了他们的东西，也带走了一部分我的。

我们不停叫喊，呼唤往昔，希望找到应答的人。

正是江南好风景，落花时节又逢君。

多年以后，谁是那个我们一直想见的人？我们会说些什么，又会回忆些什么？

杜甫有幸，他乡得遇李龟年，得以重返开元盛世；李龟年有幸，邂逅杜甫，得以在诗人的诗句里永恒。

尽管，我还是那么想念李龟年的音乐——盛唐的音乐。

岑参

真实的岑参，比《长安十二时辰》里更倒霉

《长安十二时辰》里的诗人岑参，名为“程参”，死了马，诗歌也被烧了，哭得梨花带雨，又被关入靖安司的牢房，倒霉又窝囊。而现实中的岑参，更窝囊。

“国家六叶，吾门三相。”岑参的家族显贵，出过三位宰相。但岑参出生前，家族惨遭巨变，地位一落千丈。他自幼丧父，依靠兄长教导，二十岁入长安、洛阳拜谒高官望族，献诗权贵，以求闻达。三十岁，终于进士及第，却仅被授以九品的小官，职责是看管兵器。

岑参不甘心从此寂寂无闻。他另辟蹊径，走幕府之路，希望自己的才华脱颖而出。三十四岁时，他告别长安的家人，沿丝绸之路，西出阳关，经敦煌、罗布泊，过吐鲁番，到安西节度使高仙芝的幕府去做一名书记。“功名只向马上取，真是英雄一丈夫。”他对朋友说，也是夫子自道。

出塞不到三年，岑参就遭遇了怛罗斯之败。这是当时世界上最强大的唐帝国与阿拉伯帝国之间的一次正面碰撞。唐的盟军临阵倒戈，致使高仙芝率领的唐军大败。高仙芝被解除职务，作为他幕僚掌书记的岑参，也一同回到长安，面对天子的问责。

三年里，岑参寂寂无为，痛苦难当。但他心中，时刻想建功立业，复兴家族荣耀。终于，他在边疆曾经的朋友封常清出任安西北庭节度使，这再次激发了诗人的雄心，他又一次来到塞外。

然而，安史之乱爆发了，封常清和其他重要将领迅速被调回朝廷，一同对抗安禄山的叛军。由于潼关失守，封常清与高仙芝这两位在西北屡立战功的著名将领，被唐玄宗下令处死。皇帝错判，错杀忠良，奸佞当道，岑参感到无比痛苦。“将军初得罪，门客复何依”，岑参只得回朝。

岑参晚景凄凉。他性情耿介，经常仗义执言，惹得权贵都不喜欢。后来，看尽了官场腐败、民生凋敝的岑参，辞去嘉州刺史之职，于公元770年病逝于成都一所客舍中。

但岑参的诗歌活了下来，带着灿烂的光芒被载入史册。

岑参笔下塞外的风：

君不见走马川，雪海边，平沙莽莽黄入天。

轮台九月风夜吼，一川碎石大如斗，随风满地石乱走。

岑参描述边疆的冷：

纷纷暮雪下辕门，风掣红旗冻不翻。

岑参写战争的恐怖：

虏塞兵气连云屯，战场白骨缠草根。

剑河风急雪片阔，沙口石冻马蹄脱。

在岑参之前，也有很多边塞诗人，但还没有谁写过这样的风光景色。有些人见过了，奈何才力不逮；有些人有能力写，可是不敢或不愿千山万水去苦寒边塞走一遭。

岑参到了现场，把所有的感官都打开了，灵敏地捕捉着那些新的感觉、新的气味、新的颜色、新的味道。他在边塞未能得到孜孜以求的功名和家族荣耀，却成就了唐诗中最特别的边塞诗。

……

匈奴草黄马正肥，金山西见烟尘飞，汉家大将西出师。

将军金甲夜不脱，半夜军行戈相拨，风头如刀面如割。
马毛带雪汗气蒸，五花连钱旋作冰，幕中草檄砚水凝。
虏骑闻之应胆慑，料知短兵不敢接，车师西门伫献捷。
——《走马川行奉送封大夫出师西征》

这样勇武的军队，有谁能够战胜呢？

岑参又写：“北风卷地白草折，胡天八月即飞雪。”严寒让人心情低落，而岑参立刻来了转折：“忽如一夜春风来，千树万树梨花开。”用春天的梨花比喻漫天飞舞的大雪。这比喻太奇、太美了，我们仿佛忘记了严寒，只想马上去到塞外边疆，欣赏这样的美好。

和所有边关战士一样，岑参也想念自己的家乡和亲人，他写道：

故园东望路漫漫，双袖龙钟泪不干。
马上相逢无纸笔，凭君传语报平安。
——《逢入京使》

在西域的大路上，岑参碰到一位友人，对方要回长安了。岑参止不住对故乡和亲人的思念，泪水沾湿了双袖。但他还是和朋友拱了拱手，说：“我没有纸笔，也顾不上写信，就请你给我捎个平安的口信到家中吧。”

是的，我想念故乡和亲人，但我现在不会回去。我的世界在这里，在塞外的边疆，在征战的沙场，未来在我的手中，我的脚下，等待我去开创，我不能放弃。“古来青史谁不见，今见功名胜古人。”

岑参不仅写下了自己，也写下了无数守疆将士的情感。但他对自己将要度过的一生，恐怕始料未及。

《长安十二时辰》里，烽燧堡之战，由于朝廷腐朽，除了张小敬等几个人逃出生天，两百多战士固守孤堡，孤立无援，最终命丧沙场，以身殉国。他们的家人再见不到他们，他们的功名梦，也化为塞外边陲的累累白骨。在朝廷之上，大唐盛世的梦正酣。要不了多久，渔阳鼙鼓将动地而来，惊破霓裳羽衣曲。

岑参不是唯一一个去过边疆的诗人。

在古代，人人都喜欢京城，就像今人喜欢北京。“金窝，银窝，不如京城的狗窝。”诗人一旦离开长安，便要生出相思来。“西北望长安，可怜无数山。”掰着指头数，还有多少天可以回长安去？

但唐朝的诗人有意思，明知道边疆多磨难，可还有那么多人前往。一次又一次去，一次又一次在诗歌里吟诵，好像边疆是充满魔力的地方。

翻开一本厚厚的《全唐诗》，其中收录的边塞诗约有两千首，是其他各朝各代边塞诗数量的总和。而其中有一千五百首与大西北有关。

不信请看：

愿将腰下剑，直为斩楼兰。

——李白《塞下曲》

秦时明月汉时关，万里长征人未还。
但使龙城飞将在，不教胡马度阴山。

——王昌龄《出塞》

雪净胡天牧马还，月明羌笛戍楼间。
借问梅花何处落，风吹一夜满关山。

——高適《塞上听吹笛》

葡萄美酒夜光杯，欲饮琵琶马上催。
醉卧沙场君莫笑，古来征战几人回。

——王翰《凉州词》

……

即使像王维这样晚年一心向佛、清净无为的诗人，早年也曾出使西域，策马扬鞭，一逞年少意气。

他的《使至塞上》中，“大漠孤烟直，长河落日圆”一句所描写的景色，伟大、壮丽，仍在震撼今人。

再比如，他的《陇西行》，“十里一走马，五里一扬鞭。都护军书至，匈奴围酒泉。关山正飞雪，烽戍断无烟。”短短三十个字，就写出了战争的紧张、环境的恶劣、敌人的强大。王维真是气氛烘托的高手。

读这些诗，我仿佛和整个唐朝相遇。这么多诗人，远离京城，到边疆塞外，这在中国的诗歌史上是第一次。什么是唐诗？什么是盛唐气象？这就是。在异地他乡，他们远离中心，却与整个世界相遇。

今天，世界就在我们的窗外、脚下、手机里。有了飞机、高铁、汽车，我们的出行似乎很便捷了。但实际上，行走从未容易过，尤其是那些深入内陆的、内地的、偏远的、边疆的、穷乡僻壤的行走。

行走是充满魔力的，这一点岑参知道，唐朝的诗人知道。不要让手机和网络局限你的视野，去旅行，去跟我们这个国家、这个星球发生身体和心灵的碰撞。当你某一天上路，在一个陌生的旅馆里住下，让我们一起吟诵唐朝诗人的句子，我们会对自己、对周围、对世界，都有新的认识和体悟。

韦应物

一颗坠落了千年的松子

不受打扰、安静地倾听大自然和内心的声音，了解它们的意义，是我们与生俱来的权利，也是我们营造诗意生活的一项重要内容。

在今天，我们聊天、唱歌、跳舞、交友、旅行……想静下来，又想做一些什么，来逃避安静。我们到底是在恐惧什么呢？

间或不能安静的时候，我就读一读唐代诗人韦应物的诗。

在刺耳的交通噪声、纷繁的念头、音乐、手机和各种机器的声音背后，韦应物诗歌里的寂静，在等着我。

韦应物是所谓的“五陵年少”。

什么是“五陵年少”呢？

五陵就是汉代五个皇帝的陵墓，在长安附近。当时的豪族外戚和富家子弟都住在五陵附近。

后来，就泛指一切有钱有闲，不务正业，大字不识一个，还专爱斗鸡走马的富家子弟。

“五陵年少”这个词，经常在唐诗里出现。

比如，李白《少年行》里：“五陵年少金市东，银鞍白马度春风。落花踏尽游何处，笑入胡姬酒肆中。”

比如，白居易《琵琶行》里：“五陵年少争缠头，一曲红绡不知数。”

韦应物出身于唐代最显赫的家族之一——韦氏家族，当年长安有谚谣云：“城南韦杜，去天尺五。”意思是姓韦和姓杜的这两个世家大族，豪气干云，离皇帝很近。

《新唐书·宰相世系表》中，列了韦氏宰相十四人，其中曾在武周朝廷任宰相的韦待价是韦应物的曾祖。韦应物的父亲韦銮、伯父韦鉴都是知名画家。

所以，靠着祖上的荣光，韦应物十五岁时就做了唐玄宗的贴身侍卫。

每次，玄宗带着贵妃出宫游乐，韦应物总是骑着骏马左右跟随，羡煞旁人。

只要有空，他就捧着赌具到处找人赌博；晚上出去花天酒地，恣意享乐；家里还敢窝藏亡命之徒，将国家法律视同儿戏。

因为他出身世家大族，又每天到皇帝面前当值，仗着皇帝的恩宠，别人拿他一点办法都没有。

安史之乱是韦应物人生中的巨大转折。

皇帝逃去了四川，韦应物可仰仗的人没了，他自己也在逃难的队伍中。

别说锦衣玉食，别说年少轻狂，活着就已经很不容易了。

大唐的繁荣昌盛被北方来的滚滚硝烟掩盖，惯常的生活天翻地覆，秩序全部被打破。而像韦应物一样平日出入宫闱、无事生非的皇家侍卫，也纷纷下岗。

安史之乱平息后，大唐帝国在苦难中复苏，历经劫难的韦应物却开始痛定思痛，决定读书。

他还曾一度在太学攻读，并且学习写诗。

从二十七岁到去世前，韦应物大多数时间都在地方任职。

任滁州刺史时，他在写给好友的诗中如此表达心迹：

身多疾病思田里，邑有流亡愧俸钱。

这样的话本该是忧国忧民的杜甫说出来的，却从“五陵年少”韦应物的笔端流出。

安史之乱让他经历了剧痛，也让他了解了更广大、更真实的世界。

这个世界，不是只有花天酒地，也有战争苦难。韦应物，这个朝廷的地方官员，看到百姓因为贫穷而流离失所，他的心被刺痛了。

他当过三任地方官，滁州、江州、苏州的刺史。不是没有捞钱的机会，但他最后从苏州卸任的时候，连回家的路费都没有。

最能够表明韦应物心迹的，是下面这首诗：

独怜幽草涧边生，上有黄鹂深树鸣。
春潮带雨晚来急，野渡无人舟自横。

——《滁州西涧》

有人喜欢春天盛开的花朵，热闹，美丽，夺目。但韦应物却不。

他“独怜幽草”。春潮不断上涨，夹带着密密细雨。荒野渡口无人，一只小船横在水面之上。

在所有人拥挤着跑向一个世界时，韦应物却时时感到自己和这个世界的距离。

当官，他不想违背自己的良心；学农民事园圃，他也做得不够好。

他在诗歌里嘲笑自己说：

田家笑枉费，日夕转空虚。
信非吾侪事，且读古人书。

他在官署里很冷，想起山中隐居的道士朋友，想带着一瓢酒去看他，让他在风雨夜里得到些安慰，但“落叶满空山，何处寻行迹”。

在韦应物另一首著名的诗里，他又一次开始了思念。

怀君属秋夜，散步咏凉天。
空山松子落，幽人应未眠。
——《秋夜寄邱员外》

在唐朝的诗人里面，韦应物并不是最著名的。

他的诗歌里没有奇异的想象，没有丰富的感触，没有命运多舛的事件，只有平淡的语言和思念。但韦应物用他的思念、他的安静，走到了人心的最远处。

现代诗人余光中也写了一首诗来应和：

一粒松子落下来
没一点预告
该派谁去接它呢？

满地的松针或松根
满坡的乱石或月色？
或是过路的风声？
说时迟
那时快
一粒松子落下来
被整座空山接住

韦应物就是一粒松子，他安静地落下来，没有惊扰众人，但被那个最敏感的人的心灵接住了。

呵，看啊，这就是那个当年气焰嚣张、骑马奔驰在万丈红尘里的五陵年少。

孟郊

我们擅长告别，母亲擅长等待

我们是一点点想念母亲的。年轻的时候，我们想得更多的，是自己的青春、热血、出走、爱情、友情……直到我们也成了父亲，成了母亲。

作为子女，我们最擅长分别。作为父母，他们最擅长目送和等待。

多年以后，五十岁的孟郊得到了江苏溧阳尉的卑微职位。他结束了长年漂泊流离的生活，并为此感到愉快。可他的心骤然像被什么东西刺中，他想起了母亲。

他写了一首诗，流传至今：

慈母手中线，游子身上衣。
临行密密缝，意恐迟迟归。
谁言寸草心，报得三春晖。

——《游子吟》

在这首诗里，我们见到了语言的朴素。孟郊的母亲有多大年纪，她长得什么样，她住在哪里，她有什么爱好，她如何维持生计，诗里都没有说。孟郊只选取了一个生活的场景：母亲用手中的针线，为远行的儿子赶制身上的衣衫。

孟郊可怜，年纪很小父亲就去世了。母亲含辛茹苦地将他拉扯大。孟郊发奋读书，立志科考，想摆脱贫困的生活，让母亲颐养天年，让她为儿子感到骄傲。

孟郊一次又一次参加科举考试，每次都无功而返，一事无成。

每当孟郊考试名落孙山，一个人在他乡，他总想起远在家乡的母亲。他写了一首《远游》：

慈乌不远飞，孝子念先归。
而我独何事，四时心有违。

作为孝子的孟郊，想回家，但没有功成名就，又有何资本报答母亲的养育之恩？

四十六岁，孟郊终于考中了进士。他心花怒放，当即写下：

昔日龌龊不足夸，今朝放荡思无涯。
春风得意马蹄疾，一日看尽长安花。
——《登科后》

他以为终于可以报答母亲了，从今以后，人们会注意他孟郊的名字了。

但事实上，在唐朝，即使是通过了科举考试，也不能保证马上就有官做。通过考试的人很多，官职却有限。又等了四五年，五十岁的孟郊终于得到了一个职位，却是在江苏当溧阳县尉这个末等小官。

孟郊的心又一次沉入谷底。三十多年了，他离开家乡，越走越远，母亲缝制的衣服也越来越破，头发和胡子都已变得花白。但为什么生活依然这么贫穷，为什么独独自己仕途这么不顺，为什么命运如此不公？

孟郊走马上任了，但他发现自己真的不适合官场。对他来说，还是写诗更自由、更纯粹一些。他一天到晚喝酒写诗，不去办公室上班。他的上级县太爷很生气，扣了他一半的俸禄，这使得本就不富裕的孟郊更贫寒了。

他居无定所，被迫搬家时，因买不起车，只好去向别人借。车借到之后，却发现家具少得可怜。他写道：

借车载家具，家具少于车。
借者莫弹指，贫穷何足嗟。
百年徒役走，万事尽随花。

——《借车》

也许，家具的价值还抵不上出车的人情债呢。

但是如果不搬，也许连这一点东西都没有了。

所有的困窘，都不能告诉母亲，不能让她为儿子担心。

孟郊唯一的寄托就是写诗。他还常常会因为一句诗而苦苦思索，将自己关在屋里，诗不成就不出来。他写道：

夜学晓未休，苦吟神鬼愁。
如何不自闲，心与身为仇。

彻夜地苦吟不休，再加上饥寒贫病，使诗人甚至到了“心与身为仇”的地步。

逐渐的，江苏溧阳山清水秀的环境让孟郊变得不那么焦虑了。他平静下来，又一次想起了母亲。

然而世俗眼里的房子、车子、美食、华服，孟郊都给不了母亲。只有陪伴，或许是作为儿子的孟郊可以做到的。

子欲养而亲不待，何况是那么年迈的母亲。母亲缝补的衣服还穿在孟郊的身上。那一针一线中，尽是母亲的爱。

五十多岁的孟郊急切地派人去老家将老母接来同住。在溧水迎接母亲时，他心随念走，吟出了那首著名的《游子吟》。这首诗得来是如此容易，又显得那么亲切、感人。

“谁言寸草心，报得三春晖。”这一句是这首诗的中心和脊柱。因为这句话，这首诗便站在了大地上。母亲的爱，便像这春日的阳光，它无私地照耀，让小草生长。而那小草，岂能报答得了春日阳光的恩惠?

所幸的是，孟郊还有几年的时间陪伴母亲，直到母亲去世。

这一次，母亲不再以目送者的身份，看自己养育长大的孩子一点一点离开视线。这一次，是儿子孟郊第一次，也是最后一次，目送着母亲一点点从自己的世界离去，并且一去不返，再无相见之期。

刘禹锡

沉舟侧畔千帆过，病树前头万木春

有一个人，他看事物的眼光总是和别人不同。

别人看到一件事物的兴盛，他却看到它将来的衰败；别人看到衰败，他却在衰败里又发现了生机和春意。

别人看到一个人老了，头发白了，各种疾病缠身，忍不住要同情一下。他觉得没必要，他看到了一个老人的希望和昂扬奋发。

别人悲叹秋天，独有他为秋天叫好——

自古逢秋悲寂寥，我言秋日胜春朝。

晴空一鹤排云上，便引诗情到碧霄。

——《秋词》

这个人就是唐朝诗人刘禹锡。

公元805年的长安，三十三岁的刘禹锡受到天下人的瞩目。每天投到他门下的信件有数千封，光是封回信用掉的浆糊，每天都有一脸盆之多。

那时的刘禹锡，是“永贞革新”的核心人物之一。年纪轻轻就参与国家大政方针的制定和实施，获得皇帝的绝对信任，正是“春风得意马蹄疾”的时候。

一百多天以后，命运却和他开了一个残酷无比的玩笑。革新运动被扼杀，旧皇帝退位，宦官拥立了新皇帝。原来改革集团的核心人员全部被打倒、被杀、被贬、被流放。一夜之间，白茫茫大地真干净。

还没来得及调整心情，刘禹锡就收拾行李上路，被贬往巴山楚水的荒凉之地。从一个炙手可热的权臣到一个没人在乎的小官，心情什么样，没有谁比刘禹锡体会得更透彻。等到再回长安，刘禹锡已经五十七岁。原来的黑发小伙儿，如今已是半截身子入土的人了。

在返回京城的路上，刘禹锡路过扬州，与诗人白居易不期而遇。白居易非常同情他，在筵席上又是劝酒又是写诗相赠：

为我引杯添酒饮，与君把箸击盘歌。

诗称国手徒为尔，命压人头不奈何。

举眼风光长寂寞，满朝官职独蹉跎。

亦知合被才名折，二十三年折太多。

——《醉赠刘二十八使君》

是啊，人生能有几个二十三年啊？白居易都忍不住感慨了。刘禹锡写了一首诗回赠白居易：

巴山楚水凄凉地，二十三年弃置身。

怀旧空吟闻笛赋，到乡翻似烂柯人。

沉舟侧畔千帆过，病树前头万木春。

今日听君歌一曲，暂凭杯酒长精神。

——《酬乐天扬州初逢席上见赠》

巴山楚水，是凄凉之地，我刘禹锡经历了；二十三年默默谪居，我刘禹锡也经历了。想起那些过去的老朋友，那些一起吹笛赋诗的日子，如今回来，物是人非，但我不会颓唐。我坚信："沉舟侧畔千帆过，病树前头万木春。"

白居易本来想安慰刘禹锡，结果发现，刘禹锡是一个打不死的小强，"蒸不烂、煮不熟、捶不扁、炒不爆、响当当一粒铜豌豆"。白居易被震撼了，赞扬刘禹锡这两句诗神妙无比，"在在处处，应当有灵物护之"。他称刘禹锡为"诗豪"。

其实，在此之前，刘禹锡曾经被朝廷调回过长安一次，但并没有被安排实职，处于待用状态。这有点像朝廷对待“带病”干部的选拔，意思是：皇帝还没有放弃你，但你要深刻反思自身过错，做好投入新工作的准备，也要有“竹篮打水一场空”的心理建设。

这样的事情，放在一般人身上，早就乖乖地被收拾得像孙子一样了，但刘禹锡该吃吃，该喝喝，该踏春踏春。

公元815年，那是一个春天，他踱到京城长安的玄都观。听说那里桃花盛开，很是美丽，很多人都去看，刘禹锡也去了，他写下了：

紫陌红尘拂面来，无人不道看花回。
玄都观里桃千树，尽是刘郎去后栽。

——《玄都观桃花》

刘禹锡的“老毛病”又犯了。他把玄都观里新种下的千树桃花都比喻成趋炎附势、巴结权贵的小人：“你们是我刘禹锡被贬之后的一些跳梁小丑罢了，有什么好嘚瑟的。”

我读这首诗，隐约地从文字里看到，刘禹锡在千年以前翻过的一个大大的白眼。

我不禁暗暗为刘禹锡抹了一把汗。果然，诗传到恨他的、新得势的小人那里，他们火上浇油，借题发挥举报说，这是刘禹锡怨恨当年皇帝对他的贬斥。皇帝听了大怒，一气之下将刘禹锡又贬到播州（今贵州遵义），后又改为连州（今广东连县）、夔州（今重庆奉节）等地。又过了十四年，皇帝由宪宗、穆宗、敬宗而文宗，换了四个，这才想起还有个刘禹锡，于是又将他调回长安。

此时的刘禹锡，尘满面，鬓如霜，还不吸取被贬的教训。他来到玄都观，看到百亩桃树都没了，又写了一首《再游玄都观》：

百亩庭中半是苔，桃花净尽菜花开。
种桃道士归何处，前度刘郎今又来。

到底是诗豪，刘禹锡没有被二十三年的贬谪生涯吓住。他对着满园春色说：你们那些小人，如今已经像桃花一样被剔除干净了；而我刘禹锡，又回来了。

白居易和刘禹锡同岁，到晚年，他们都住在洛阳，互为知己。白居易多年患病，有时候难免意志消沉。六十四岁的刘禹锡写诗安慰六十四岁的白居易，其中一句，"莫道桑榆晚，为霞尚满天"，成为金句。今天，很多老人鼓励自己，也都经常引用这句诗。

曾经，和刘禹锡一起被贬的，有一个好哥们，叫柳宗元，也是永贞革新的核心成员。当年他和刘禹锡一起考中进士，一样年富力强，一样在要害部门，也遭受了一样的打击。和刘禹锡的超脱不同，柳宗元非常痛苦，难以解脱，四十六岁就在被贬之地广西柳州去世了。

一般而言，一个人不会永远一帆风顺。或早或晚，他总会碰到挫折。有些挫折是大的，有些挫折是小的。有人遭遇挫折难以脱身，有人却能一一化解，从此走上不一样的道路。

我很喜欢柳宗元，也敬佩那些死磕到底、不愿与黑暗时代同流合污的人；但我更珍视刘禹锡的这句诗：

沉舟侧畔千帆过，病树前头万木春。

一个人发达了，显赫了，最容易忘乎所以，迷失自己。一个王朝也是这样。

这个时刻，可以读读刘禹锡的怀古诗，会是一针极好的清醒剂。

刘禹锡写：

朱雀桥边野草花，乌衣巷口夕阳斜。
旧时王谢堂前燕，飞入寻常百姓家。

——《乌衣巷》

乌衣巷在南京，原是六朝贵族居住的地方，最为繁华，包括像王导、谢安那么显赫的大家族，他们也曾经在这里风光过。但现在，他们去了哪里呢？找不到了，现在只有朱雀桥边春天开满的野花，而原来在王、谢家堂前筑巢的燕子，现在也飞入了寻常的人家。

南京，多少朝代建都于此，真是怀古的好地方。刘禹锡还写了两首有关南京的怀古诗：

一首是：

山围故国周遭在，潮打空城寂寞回。
淮水东边旧时月，夜深还过女墙来。

——《金陵五题·石头城》

另一首是：

王浚楼船下益州，金陵王气黯然收。
千寻铁锁沈江底，一片降幡出石头。
人世几回伤往事？山形依旧枕寒流。
从今四海为家日，故垒萧萧芦荻秋。

——《西塞山怀古》

虎踞龙盘的南京城，多少英雄在这里登场，多少皇帝在此积聚自己的王气，但最后不也是“潮打空城寂寞回”。

不论是什么人，还是哪个朝代，耐得住寂寞，才守得住繁华。刘禹锡从历史中看到了盛衰无常，贵贱无常，也就能安然地领受命运交给自己的一切。

贾岛

谁是『唐朝最美诗奴奖』获得者

贾岛生活的时代，大唐盛世已不再。他经历了好几个皇帝的统治。其中两个被亲信太监所暗杀，一个吃长生不老药而死，其他几个都是无耻的废物。政治阴谋层出不穷，国家暗无天日。

在一个屈辱的时代里，诗人何为？

贾岛官微职小，时运不济，没有说话做事的权力和资格。他干脆远离了政治，退回自己的内心深处，开始了一个人的独唱。

别人喜欢红日，他偏喜欢寒日。他写：

樵人归白屋，寒日下危峰

别人喜欢优山美地，他偏喜欢荒山野地。他写：

野地初烧草，荒山过雪云。

又写：

闲居少邻并，草径入荒园。

别人喜欢鸳鸯戏水，他偏喜欢看冷蛇爬进被劈开一截的桐树洞。他写：

归吏封宵钥，行蛇入古桐。

别人喜欢场面豪华的地方，他偏喜欢废弃的、荒凉的馆舍。他写：

废馆秋萤出，空城寒雨来。

现代诗人闻一多因此评价他，在那荒凉得几乎狞恶的“时代相”面前，“他爱静，爱瘦，爱冷，也爱这些情调的象征——鹤，石，冰雪。黄昏与秋是传统诗人的时间与季候，但他爱深夜过于黄昏，爱冬过于秋。他甚至爱贫，病，丑和恐怖”。

贾岛一直很穷，穷了一辈子。小时候父母养不起他，只得把他送给附近无相寺的和尚。吃斋、打坐、念经，是他童年生活的主要内容。十九岁受戒，被赐法号“无本”。后来，因为韩愈被他的诗才打动，劝他还俗参加科举考试，他才脱下了袈裟，成了俗世中人。

但贾岛心中，自己仍然是一个在红尘中行走的和尚。所以他写：

> 蟋蟀渐多秋不浅，蟾蜍已没夜应深。
>
> 三更两鬓几枝雪，一念双峰四祖心。
>
> ——《夜坐》

贾岛从未发达过，直到死，家里也无一钱，只有一头病驴和一张古琴。但对于诗歌的爱，他至死不悔。

他有一首《送无可上人》的诗，其中有两句“独行潭底影，数息树边身”，是花了三年时间，在痛哭流涕的感情下想出来的。他说，如果找不到知音喜欢他的诗歌，就再也不写诗了。

在唐朝众多诗人中，很多人写诗是为了做敲门砖，为了名和利，但贾岛不是。他两次撞上别人的车，都是因为作诗不看路。

一次，贾岛在帝都骑驴过街。当时秋风萧瑟，黄叶飘零，他吟出“落叶满长安”的句子，但想来想去，上联却想不出来。等到终于想到“秋风吹渭水”，他激动得忘乎所以，没注意周围，不小心冲撞了官府的车驾，被拘了一夜，第二天才放掉。

但贾岛还是不长记性，继续沉浸在自己的诗国里。

又一次，他骑驴去拜访朋友，路上得到诗句：“鸟宿池边树，僧推月下门。”他觉得“推”字不如“敲”字好，于是在驴背上反复琢磨，并用手做推敲的动作，结果又撞到一个高官的车。这次，是诗坛大佬韩愈。

贾岛如实相告，韩愈不但不怪罪，反而建议说，“敲”比“推”好。之后，还将贾岛带回自己的府邸，谈诗论道。这成了他们友谊的开始。

一千多年过去了，我们今天在琢磨某一个字、某一个词、某篇文章的时候，还在用“推敲”这个词，来表达一个艺术家如何忠于自己创作的严谨态度。

但今天，很多时候，“推敲”已经被“抄袭”的风气替代了。

贾岛写诗说：

十年磨一剑，霜刃未曾试。
今日把示君，谁有不平事？

——《剑客》

贾岛不是一个剑客，他把自己的诗歌当成宝剑去磨砺。他相信，由勤苦和诚实抵达的艺术之善，才是最可信、最打动人心的。

《唐才子传 · 贾岛》里说，每到岁末，贾岛都会将一年的诗作收拾整齐，置放在几案上，“焚香再拜，酹酒祝曰：‘此吾终年苦心也！’痛饮长谣而罢”。

天下熙熙，皆为利来；天下攘攘，皆为利往。

千年以前的唐朝和今天一样，很多人为名利、为高位、为逢迎拍马而写诗。即使是那些不为物欲所牵绊的诗人，也只认为诗歌是文艺消遣的方式之一，没有真正的热爱。

但贾岛不是。诗歌是他的血，他的肉。他也以勤苦、诚实、生命的温度，塑造了唐朝诗歌不一样的形象。

> 吾本乘兴而行，兴尽而返，何必见戴？
>
> ——王徽之《世说新语》

贾岛去寻山中的一个隐士，没找到，就写了首诗，叫《寻隐者不遇》。

> 松下问童子，言师采药去
>
> 只在此山中，云深不知处

意思简单明了：在松树下，我问隐士的徒弟，师父哪儿去了？他说，师父采药去了。就在这座山中，可是山很大，林子很茂密，云很多，我也不知道他到底在哪儿。

童子没有告诉诗人隐士去了哪里，去了多久，什么时候回来，还有谁知道他的下落。

诗人只好就这么在松树下站着，看山间的白云来来去去，缥缈无踪，居无定所。

东晋时期，有个人叫王徽之。他的父亲叫王羲之，大名鼎鼎的书法家。

王徽之在绍兴家里，大雪天读着诗，突然很想去见一位朋友。他朋友住在另外一个城市里，王徽之就坐船走了一晚上，快到朋友家门口，他却不进去，原路返回了。别人不明白，就问他，你为何不去找他呢？王徽之说，我凭一时兴致去了，寻找过了，我就满足了。兴尽而返，见没见到，这并不重要。

有意思的一个故事，这个故事是真实发生过的。

那个大雪的晚上，王徽之坐着船沿江而下，他看到了什么样美丽的风景，什么样动人的自然呢？这一切，使得结果并不重要了。

在中国当代，另一个叫张定浩的作家那里，我读到了一个故事。他有一个朋友，某年春天去另一座城市看他喜欢的人。他下了飞机才给对方电话，结果对方恰好在外地，要第二天才能回来。他没有马上离开，而是去了朋友住的地方。

他一路上走过小区、街道，看到路旁栅栏外的红山茶和路过的行人。他想，我的朋友每天也会经过这些地方吗？

他没有见到朋友，但觉得这样也挺好。这里的草木很好，有深意；这里的人很好，有诚意。朋友住在这里一定很好。

等到这一切确认后，他觉得满足了，就回去了。

还有一个美国作家，叫比尔·波特。他很喜欢屈原、陶渊明、李白、李清照等人的诗词。当然，他在现实中找不到他们了，可还是想和他们说说话。于是，他就到了中国，来寻访他们的墓地和生前的行踪。

他从美国带来一瓶他最喜欢的、也很昂贵的波本威士忌，从北京报国寺跳蚤市场买来了三个祭祖小杯子，倒满威士忌，再将烈酒洒在每一位诗人的墓前，向他们致敬。他说："酒是诗人共同的爱好。"

他尤其喜欢陶渊明，而拜访陶渊明的墓地也最费周折，因为这墓地在军事基地里，他没办法进去。他就倒了一杯酒，请站岗的士兵帮忙洒在陶渊明的墓地上。士兵觉得惊讶，但也没有拒绝，满足了他的心愿。

比尔·波特觉得，这也算是一种见面的方式了。

朋友，如果你很想见某个人，但是没有见上，不要悲伤。人和人相见，不是只有面对面这一种方式。通过一杯酒、一个梦、一条他曾经走过的路……许许多多的途径，你们会相见在"云深不知处"。

温庭筠

过尽千帆皆不是，肠断白蘋洲

最近有一则新闻：迪拜王妃哈雅逃离养尊处优的生活，跑到英国寻求庇护。锦衣玉食是很多人奋斗的目标，哈雅却放弃了。她为什么会这样?

我想到温庭筠。在他的词里，也有很多这样的女子：富贵、美丽，然而不幸。

在温庭筠的词里，也许隐藏着一个女人对幸福生活的渴望。

温庭筠是有唐以来，第一个大量填词的大诗人，“花间词派”的鼻祖。因为他的创作与传播，词才真正引起文坛重视，并在中国文学史上大放异彩。有意思的是，温庭筠在大量的书写里，似乎最钟情女子。女子被各种奢华的器物包围着，但她却无聊、痛苦，甚至自我折磨。

温庭筠有一首极有名的词：

> 小山重叠金明灭，鬓云欲度香腮雪。懒起画蛾眉，弄妆梳洗迟。
>
> 照花前后镜，花面交相映。新帖绣罗襦，双双金鹧鸪。
>
> ——《菩萨蛮》

这是一个贵妇人的形象。她的家极其豪华，金碧辉煌。“小山重叠金明灭”，按照叶嘉莹先生等人的解释，这是指金粉装饰的豪华屏风，它被放在主人的床头。女子清晨醒来，未及下床，就能看到面前的屏风，还有屏风上美丽的山水画。因为晨光，山水画面上的金色也闪动不定。

环境是这样让人目眩神迷，女子则更美。“鬓云欲度香腮雪”，“鬓发的乌云”正漫过“香腮上的白雪”。这真是奇特的联想，使人一下子记住了女子的头发和肌肤胜雪的脸庞。

写到这里，我忽然有一种时空穿越的感觉。我想到法国诗人波德莱尔的诗《头发中的世界》，他对女性的头发和她们心灵世界的痴迷，和温庭筠十分相像。“哦，浓密的毛发翻卷到脖子上！哦，发卷！哦，满是慵懒的芳香！销魂啊！沉睡于你的头发里，为了让今晚幽暗的寝房充满这回忆，我要将它像手帕一样在空中挥舞。”

但这样的美，除了诗人温庭筠和波德莱尔之外，似乎还没有人去探索过。

在好几首词里，温庭筠总热衷于让女主人公举着一面镜子。那镜子使她的美丽成双，但也让孤独加倍。崭新的罗裙上，贴绣的鹧鸪似欲飞动。金线绣成的鹧鸪成双成对，可女子只有一个人。

女子在想些什么呢？温庭筠没有说，不说也许比说好。这是一个人的独角戏。“在这孤单角色里，对白总是自言自语。”一个美丽的女子，也许只是富丽堂皇的屋子里，无数奢华小摆设中的一个。

温庭筠在《望江南》里写道：

梳洗罢，独倚望江楼。

过尽千帆皆不是，斜晖脉脉水悠悠，肠断白蘋洲。

温庭筠是善于用简单意象构筑丰富情景的大师，一个非常促狭的空间，一件简单的小事，几个简单的意象，就构成了非常丰富的内涵，深刻又委婉。

在温庭筠的很多词里，总会提到屏风和闺房。它们把女子与外面的世界隔绝了。没有人知道她们，她们是笼中的金丝雀。

在《望江南》里，女子终于从她的闺房世界里抬起头来，看到户外江天上的广阔景象。这是一个她向往的世界，她的未来、她的爱人都在那里。她等待着爱人归来，等得肝肠寸断。受时代所限，她无法从这个世界逃离，去江上寻找幸福。

现代社会，女人受了教育，对幸福的寻找，有了更多主动权。迪拜王妃的出逃，正是向迪拜王室男权社会发出的挑战。她不想被当成物品一样对待，而想重新恢复作为一个人的情感属性。

女人晨起梳妆打扮，这么一个看似无聊的题材，为什么会被温庭筠写了又写，又吸引后世那么多人欣赏和观看呢？

我想，一定是这样的词击中了许多人的心。是历代无数读者的合谋，在给温庭筠的词加冕。一个女人，你只给她提供足够的物质财富就可以了吗？她也许最初会喜欢，后来会厌倦，或者像迪拜王妃一样逃离。

而温庭筠仅仅是在写爱情吗？不，他也在写自己。

作为一个才华横溢的文人，他屡试不第，与官场无缘。他作为一个读书人的抱负和理想无法施展。他也一定无数次问过自己这是为什么。就如美丽的女人，却人人视而不见一样，而善于逢迎的人却总是人生赢家。

温庭筠一辈子在等那个懂他的人。人海茫茫，对于有情男女，世间最痛苦的事情并非不相爱，而是相信有这样一个人，却无法相逢。温庭筠就像自己笔下的女子，始终朝着理想的方向，“过尽千帆皆不是，斜晖脉脉水悠悠，肠断白蘋洲”。

高骈

燥热的生活需要一阵凉风

夏天，是把你放在大自然的烤箱里的季节，让你外焦里嫩，汗流浃背。

夏天，是你吃掉一年里最多西瓜、喝掉最多水、流出最多汗、洗了最多频次澡的季节。可你还觉得：好热！好渴！

夏天，是你可以穿得十分清凉，光明正大地走到马路上，还不会被人侧目的季节。

关于夏天，想和你分享一首诗，是一个叫高骈的人写的：

绿树阴浓夏日长，楼台倒影入池塘。

水晶帘动微风起，满架蔷薇一院香。

——《山亭夏日》

高骈是谁？在唐朝的诗人里面，我们知道李白、杜甫，但高骈的名字好像有点陌生。

高骈是一位将军。在唐朝，不仅读书人喜欢写诗，武将也热衷于此。而唐朝后期，文采最突出的一个武将，便是高骈。

我们且看看高骈是如何来写夏天的，品一品他的诗歌有何独到之处，竟然打败很多以写诗为业的文人。

高骈的第一句，就击中了我的心——“绿树阴浓夏日长”。

夏天，人们会本能地躲开烈日，待在树荫下。句中的绿树、阴浓，给悠长的夏日提供了绝好的纳凉之处。

但还是热，因为没有风。怎么知道没有风呢？因为诗的第二句“楼台倒影入池塘”。注意，不是“映”池塘，不是“照”池塘，而是“入”池塘。这说明，池塘里的水是寂静的，没有一点波动，楼台是什么样，池塘里楼台的倒影就是什么样，楼台的倒影走到池塘里去，楼台就好像凉快一些了。

但人如何缓解夏日炙热的感觉呢？

突然，变化出现了，僵局被打破——风来了。“水晶帘动微风起”，池塘的水面像帘子一样波动起来，这是微风在吹拂它。

烈日照耀下的池水，晶莹清澈，微风吹来，水光潋滟，碧波粼粼。而水面，犹如一面水晶做的帘子，被一只看不见的手轻轻拂动，楼台的倒影，也跟着荡漾起来，它不再是静止的了。

微风，是不容易被感觉到的，所以我们先看到水面的波动，才真的相信风来了。

接下来，我们闻到了风。不要误会，风没有味道，风的味道是别处的。它带来了花的香味。

“满架蔷薇一院香。”蔷薇是攀附在墙上、架子上、树上的，一朵朵，一丛丛，形成花的瀑布。而蔷薇，也是属于夏天的。黄庭坚曾写：

春归何处？寂寞无行路。若有人知春去处，唤取归来同住。

春无踪迹谁知？除非问取黄鹂。百啭无人能解，因风飞过蔷薇。

——《清平乐》

蔷薇花盛开之际，正是春天离去之时。

好了，有了风，蔷薇的花香就吹得更远，整个院子都是香味。而如果没有风，那满架的蔷薇仅仅只是满架的蔷薇，它的花香在别处，我们闻不到。

于是，我们在夏天最热的时候，焦急地等待风的来临。

竟然，风来了。不是卷积着乌云的狂风，而是令人惬意的微风，让我们在这个炎热的夏天，有一丝清凉，有“满架蔷薇一院香”。

高骈，确实是一位感觉敏锐的诗人。他留心大自然的变化，因此才能写出这样灵动的诗句。而他的幕府里，也是才士云集。其中，最远的有来自朝鲜半岛的新罗诗人崔致远。崔致远是朝鲜国历史上第一位留下了个人文集的大学者、诗人，一向被朝鲜和韩国学术界尊奉为本国汉文学的开山鼻祖，有“东国儒宗”“东国文学之祖”的称誉。

是高骈的器重和保荐，让他在中国宦游通畅，名望日隆，文学才华得以淋漓尽致地展示。

高骈，更是一员猛将。他的祖父高崇文，是有唐一代的名将高官。而作为孙子的高骈，更是将门虎子。他收复了交趾，重创了唐朝晚期最大的威胁——黄巢军，又屡败南诏，历任各地的节度使，是当时朝廷政治中心的重要人物。

但他也拥兵自重。早年他为捍卫千疮百孔的唐帝国而战斗，晚年却对唐僖宗的请求和唐王朝的危亡视而不见。他成了一个嗜好装神弄鬼、喜欢巫术迷信的老人后，因分不清敌人和朋友、君子和小人，最终被自己的部将所杀，享年六十六岁。

水晶帘动微风起，满架蔷薇一院香。

这夏日的微风，吹来了清凉，却没有吹走高骈头脑里的烟云。

年轻时，高骈在禁军任职。某日出行，高骈看到天空中两只大雕展翼飞过，迅如闪电。他大喊一声："我后大富贵，当贯之！"随即弯弓搭箭，一箭射去，双雕应声而落。众人大惊，为高骈欢呼叫绝，人送"落雕侍御"之名。

高骈喜欢酒。比如，他在诗里写：

花枝如火酒如饧，正好狂歌醉复醒。
对酒看花何处好，延和阁下碧筠亭。

——《春日招宾》

和"酒中仙"李白不同，这是一个可以随时上马杀敌、温酒斩华雄的唐代"关羽"。

作为望族出身的一代名将，高骈对自己人格、声名也有美好的期待，如同他在诗中所说：

不将真性染埃尘，为有烟霞伴此身。
带日长江好归信，博罗山下碧桃春。

——《寄题罗浮别业》

但理想没有照进现实。高骈的结局很悲惨，声与名俱废，新唐书甚至将他写进了《叛臣传》。从一代名将沦为千古罪人，这应该是高骈从未想到的吧。

宋朝

林逋

除了雪花，我也想念这朵花

没有雪，冬天是令人遗憾的；而如果没有梅花，冬天就缺少了格调。李清照一生喜爱梅花，尤喜在冬天踏雪寻梅，和丈夫比赛写有关梅花的诗句。到老了，李清照仍然为梅花牵肠挂肚。

年年雪里，常插梅花醉。挼尽梅花无好意，赢得满衣清泪。

今年海角天涯，萧萧两鬓生华。看取晚来风势，故应难看梅花。

——李清照《清平乐》

梅花，是许多中国人心头的朱砂痣、白月光。而在所有爱梅的人中，林逋应该是最痴情的那个。

林逋是北宋真宗年间的隐士，长年隐居于杭州西湖中的一个岛屿——孤山。他不追求荣誉利益，喜欢恬淡的生活，“为诗孤峭澄淡，居西湖二十年，未尝入城市”。就像今天一些人把猫和狗看作儿女，林逋的亲人是梅花和仙鹤，所谓“梅妻鹤子”。

林逋养了两只鹤。仙鹤常常飞入云霄，久久盘旋，发出鸣叫，煞是好看，到了晚上又回到笼中。林逋常常驾驶小舟到西湖的各个寺庙去游玩，碰到有客人登门求见，家中童子就一边招呼客人，一边打开笼子放飞仙鹤。过些时候，林逋一定会驾着小舟回来。原来，仙鹤还是传书的信使。

林逋还喜欢梅花。据记载，他在居室前种了三百六十多棵梅树来欣赏，也写了很多吟咏梅花的诗。其中最有名的是下面这首《山园小梅》（其一）：

众芳摇落独暄妍，占尽风情向小园。
疏影横斜水清浅，暗香浮动月黄昏。
霜禽欲下先偷眼，粉蝶如知合断魂。
幸有微吟可相狎，不须檀板共金樽。

在林逋之前，有许多诗人写梅花，但这首诗写出了梅花的风姿和神态。一个“独”字、一个“尽”字，显示出梅花在百花凋落后的独特、不同凡响和引人入胜。梅花的美，是一种安静的美，不事张扬的美，唯有不俗之人才能欣赏。林逋说：“庆幸我能低声吟诵，和梅花亲近；不用敲着檀板歌唱，执着金樽饮酒来欣赏它。”

这首诗中，“疏影横斜水清浅，暗香浮动月黄昏”一句影响最大。词人姜夔甚至挪用“疏影”“暗香”二词做了自己写梅花的词牌名，放大了林逋这首诗的名声。

但盛名之下，也有人不服。有人问苏轼：林逋这首诗用来咏杏花、桃花与李花难道不可以吗？苏轼回答：“可则可，但恐杏桃李不敢承当耳。”苏轼是真理解梅花，也理解林逋。

的确，“水清浅”“月黄昏”这样萧索清冷的背景，哪里是桃花杏花等能承受得了的。林逋在写现实的梅花，也在以梅花自况，表达自己高洁、超越的精神。

林逋颇有才气，不仅写诗出色，书法、绘画、弹琴等造诣也很高。别人劝他出仕为官，他不为所动，婉言谢绝。他说：“然吾志之所适，非室家也，非功名富贵也，只觉青山绿水与我情相宜。”

但林逋也不是一般人想象中的清心寡欲，几乎不食人间烟火的隐士、仙人。他流传下来的词有三首，写的都是离愁别绪。其中，一首《长相思》是这样的：

吴山青，越山青，两岸青山相送迎。争忍有离情。

君泪盈，妾泪盈，罗带同心结未成。江边潮已平。

这是一首清新可人的小情诗，展示出林逋关怀人间爱情的另一面。现代社会，一些人为了当隐士，断绝友情和亲情，不认父母子女，以为只有这样才能高绝出尘，成为真正的隐士。但也许，我们误会了隐士，也误会了林逋。

林逋幼失双亲，早年也曾游走于江淮都市，最终发现自己不喜闹市，才回到杭州做了一名隐士。他的遗世独立，是千回百转寻找之后的坚持。而这一点，也不妨碍他有一颗俗世的心，并被人性的美好打动。

林逋也从未把自己的生活编织得过于浪漫，他也常遭遇经济上的困窘。他曾在一首诗里幽默地向自己养的猫道歉，因为连老鼠都嫌弃他家太穷而不肯到家里来。

林逋种梅花，一面是欣赏，一面却是靠此获得基本的生活保障。《西湖人物》中说，林逋“种梅三百六十余树，花既可观，亦可实售。每售梅实一树，以供一日之需”。一年三百六十五天，一天一棵树，林逋卖掉一棵树上的梅子，恰好够一日之资。

林逋是隐士，亦是人间的隐士。六十二岁，临终前，他作诗一首：“湖上青山对结庐，坟头秋色亦萧疏。茂陵他日求遗稿，犹喜曾无封禅书。”他回看自己的一生，觉得满足了。因为他没有像西汉时的司马相如那样为仕途利禄而逢迎拍马，也没有放弃以清风明月、湖光春色为伴的隐居生活。

有意思的是，林逋虽然坚持自己内心的选择，但也从不把自己的价值观强加于他人。他不爱做官，但哥哥的儿子林宥想求取功名，他也不反对，甚至还再三教诲。后来林宥登进士甲科，他很高兴，并写下《喜侄宥及第》诗一首，作为庆贺。

有些人喜欢梅花，是喜欢它的空幻缥缈，不食人间烟火。我喜欢梅花，是喜欢它虽然空灵超脱，但仍然扎根在尘世的土地。

林逋爱梅，以梅为妻。其实，他也把自己活成了一树梅花，飘香至今。

晏殊 现在的你，是最好的你

人是感性的动物，也是理智的动物，会在遇到婚姻问题时，突然愤怒地摔杯，痛斥妻子，也会对人产生的各种情感进行分析、取舍和加工。情感和理智总在较量，有时候前者战胜后者，有时候西风压倒东风。哲学家说，倘若人深邃的理智能驾御磅礴的情感，便能从最激烈的冲突中产生最伟大的成就。很不幸，在最近某对企业家夫妇的较量中，既没有磅礴的情感，也没有深邃的思想，只有一地鸡毛。

我想起北宋的词人晏殊，这是一个非常理性节制的人。十四岁参加殿试，被真宗赐同进士出身。之后，又凭着自己的才华、勤奋，还有一点点运气，三十五岁就进入权力中枢，担任相当于副宰相的枢密副使。

更被人称道的是，他扶植起一大批重要的文人，比如，欧阳修、范仲淹、富弼等。尽管如此，晏殊并没有因此居功自矜，他的理智一直控制着情感，让它在规定的河道里流淌。

而晏殊也把这种富有理智的思想写入词里，成为词人中极为罕见的例子。正如学者叶嘉莹先生所说："晏殊却独能将理性之反省及操持，在柔情锐感之中，透露出一种圆融旷达之理性的观照。"这实在是晏殊词最值得注意的价值。

晏殊有一首著名的《浣溪沙》：

一向年光有限身，等闲离别易销魂。酒筵歌席莫辞频。

满目山河空念远，落花风雨更伤春。不如怜取眼前人。

很多时候，人总是回忆过去，放眼未来，却一点也不喜欢当下，觉得自己的现在非常不幸，而幸福在别处。真的是这样吗？

晏殊不这样认为。虽然养尊处优，位极人臣，他也有离别的悲哀和对生命无常的恐惧。但晏殊觉得，应该从这些负面情绪里解脱出来，"不如怜取眼前人"。他想提醒自己，也告诉人们，一味沉溺于过去和未来，也许就看不到现在，不能充分享受当下的风景。

晏殊是一个诚实的人。当年，他殿试时拿到试题，发现考题是以前做过的，就对宋真宗说："臣以前做过此赋，请另外出考题给我吧。"这样的事情，要是换成现在，比如，参加高考时若押中考题，暗自庆幸还来不及，哪里可能说出来呢？

但晏殊就是这么诚实，而他的诚实也被宋真宗暗暗地记下了。他觉得这是一个难得的人才，不仅文采飞扬，而且品格高尚。

宋真宗再次见到晏殊，是给太子选东宫老师。晏殊不知道为什么会选中自己，因为偌大的京城并不缺乏英才俊杰。宋真宗告诉他："我听说馆阁大臣们没有不喜欢嬉游宴饮的，他们一天到晚沉醉其中，只有你与兄弟闭门读书。这么谨慎忠厚的人，正可教习太子读书。"

晏殊恍然大悟，老实回答道："我并非不喜欢宴游玩乐，只是家里贫穷没有钱出去。如果有钱，我也会去宴饮玩乐。"

晏殊的诚实，再次打动了宋真宗，也送给了他锦绣前程。他在三十岁做了翰林学士，三十五岁当上了枢密副使，四十二岁成为参知政事，五十二岁成了宰相。

他的官位和权力，以火箭般的速度不断上升。但晏殊没有被金钱和权力冲昏头脑，他的情感和理性都在正确的轨道上。晏殊说，如果条件允许，他本人是非常喜欢聚会宴饮的。果然，经济宽裕后，与朋友把酒言欢，品评诗词，是他常做的事情。

但晏殊很鄙视那种暴发户的摆阔行为。他说，“老觉腰金重，慵便枕玉凉”，不是真富贵，“笙歌归院落，灯火下楼台”，才是真的富且贵者。

晏殊的富贵气象，是包含在生活和审美情趣之中的，是一种精神上的富贵。他的闲，他的从容，也如他在诗歌里写的，“梨花院落溶溶月，柳絮池塘淡淡风”。

没有宴会的时候，晏殊是这样度过每天生活的：家中两三天才吃一次猪肉，如果买了鱼或别的荤腥，猪肉就不买，而且买其他肉食的钱也不准超过买猪肉的钱。晏殊喜欢吃油煎麦饼，那是他江西老家的特色小吃。他每天切半张饼，放一根麻花卷起来，吃得开怀不已。

在快乐的间隙，人生的忧思又从他的内心世界慢慢地涌出来：

一曲新词酒一杯，去年天气旧亭台。夕阳西下几时回？

无可奈何花落去，似曾相识燕归来。小园香径独徘徊。

——《浣溪沙》

是的，富贵又怎样？位极人臣又怎样？人终究逃不开那些终极问题。那么，是要用颓唐或放纵来抵抗吗？这是晏殊所不为的。他继续饮新酒，写新词，在苍凉背景色中细细体会尘世之美，肩负着对自己和对爱人的责任。

美好事物的消逝，如花朵般落下，但仍然有美好的东西重现在你的生活里，如燕子归来。

满目山河空念远，落花风雨更伤春。不如怜取眼前人。

在人生的小路上，人们徘徊着，思考着生存的意义。而生活的列车一直向前，不会停留。请怀着所有的温情再看一眼你的现在吧，因为你看到的，正是你拥有的最好的东西。

宋祁

为君持酒劝斜阳，且向花间留晚照

宋祁和他哥宋庠，早年家境不好，吃了很多苦，还曾经历过没有酒肉无法过年的事。最后，兄弟俩只能把祖传宝剑剑鞘上的裹银拿去当了，换成钱，买了酒肉回家过年。

宋祁和哥哥宋庠寒窗苦读，终于鱼跃龙门，同榜考中了进士。宋祁比哥哥更高一等，考中状元。但皇太后觉得这样不妥，她说:“自古以来，长幼有序，哪有弟弟排到哥哥前面的道理？”

结果，宋庠被定为状元，宋祁成了第十名，不过世人还是称他们兄弟俩为“双状元”。

入了仕途，苦尽甘来，一切都好了起来。弟弟宋祁好客，经常在家里大宴宾客，夜夜笙歌。主人和宾客相对饮酒，观看歌舞，忘记了时间。等到揭开窗幕，才发现到了第二天早上。所以宋祁的府邸得了一个“不晓天”的名号。

而哥哥宋庠呢？即使在最热闹的上元节，他也不去看花灯，而是夜里跑到冷寂的书院里，一个人静静地读《周易》。他听说弟弟点上华灯，被歌妓簇拥着，喝酒通宵达旦时，很是痛心，第二天便写了书信去斥责他：“闻昨夜烧灯夜宴，穷极奢侈，不知记得某年上元同在某州州学内吃虀煮饭时否？”

虀是一种野菜。两兄弟当年负笈求学困窘之时，没少吃这种粗糙食物。宋庠是想告诉弟弟，不要忘记过去吃糠咽菜的苦日子，要惜福，不要过分铺张奢华。

宋祁收到信后却笑了。他回信给哥哥说：“不知某年同某处吃虀煮饭是为甚底？”弟弟的意思很明白，当年忍饥挨冻，孜孜苦读，不正是为了今天的享乐吗？

宋祁的这句话，很容易让人产生不好的联想。曾几何时，享乐就一直和罪恶、堕落联系在一起。官员的腐败，和贪图享乐有关；一支队伍人心涣散，和贪图享乐有关；甚至许多王朝的倾覆，也被认为是贪图享乐所致。因此，享乐在公开的意识形态里仿佛是洪水猛兽，有人避之犹恐不及，有人虽“心向往之”，但至少也会做足表面文章。

但宋祁却大张旗鼓向世人宣告自己的喜好，自然会招致一些人的不满。

有一次，宋仁宗想外放宋祁到四川成都做一把手，宰相陈执中表示反对：“成都是一个喜欢享乐的城市，宋祁是一个喜欢吃喝玩乐的人。他去管理成都，恐怕会忘乎所以，耽误公务，不太合适。”但皇帝仍然批准他上任了。

到了成都，宋祁果然不负皇帝期望，如鱼得水，积极倡导享乐，也大大提振了当地的饮食娱乐业。

宋祁不仅自己带头吃喝玩乐，给官员百姓起到示范作用，而且还自创很多新玩法、新项目，让大家学习。他在蜀中大倡游宴，用实际行动推动当地经济文化的发展。成都作为享乐之都的名号，愈发响亮了。宋祁离开成都后，他的影响力依然巨大，后来历届成都太守也都效仿他，主持并带头游宴。

在享乐之余，宋祁遍访民间，实地考察，写下一本极具史料价值的《益部方物略记》。这是一部优秀的古代生物学典籍，详细描述了成都及附近地区的鸟兽、草木等，共记载动物十五种，植物五十多种，许多是前人尚未记录过的。除此之外，此书还以专业角度介绍了四川人做菜的烹饪原料、技艺等。有专家指出，川菜能够成为“八大菜系之一”，《益部方物略记》有非常之功。

不享乐，毋宁死，这恐怕是宋祁一生追求的。而他也明白，享乐不能逾越自己的底线。他喜欢享乐不假，但并没有贪污腐败，与民争利。

在成都任上，宋祁也不是一味玩乐，不理政务。他给成都百姓做了许多大好事、大实事，以致去职时，老百姓不舍得他走。他去世时，成都百姓哭于其祠者，有数千人之多。

宋祁也没有因为贪图享乐使学术荒疏。他年少成名，中年更是精进向学。在大儒巨贤辈出的北宋，他被皇帝钦点去编撰《新唐书》，这很不容易。《新唐书》另一位主要编撰者，是我们都很熟悉的、鼎鼎大名的欧阳修。

修《新唐书》十多年，宋祁平时出入总是携带纸笔，随时记录。在成都，他吃喝不辍，修史也没有耽误过。他每晚开门垂帘工作到深夜，在两柱巨大的灯烛下，侍女丫鬟环绕身边，帮他研墨抻纸，远近都知道是他在编修《新唐书》，看上去像神仙一般。

宋祁工作也不忘记享乐。他有大才，但他的享乐作风还是影响到了自己的仕途发展。朝廷曾想提拔他做中央最高财政长官，包拯表示反对，说他生活奢靡，不能担此重任。朝廷最后采纳了包拯的意见。

宋祁一生仕途相对顺遂，但也遭遇了官场倾轧之苦，而他并不在意。他真正关心的，不是官职，不是权力，而是保证自己的快乐，享受自己的生活。他的喜爱和抱负，都写在一首《玉楼春》里：

东城渐觉风光好，縠皱波纹迎客棹。绿杨烟外晓寒轻，红杏枝头春意闹。

浮生长恨欢娱少，肯爱千金轻一笑。为君持酒劝斜阳，且向花间留晚照。

这首词最著名的一句是“红杏枝头春意闹”，传诵一时，宋祁还因此被人称为“红杏尚书”。但我更喜欢的，是最后两句：“为君持酒劝斜阳，且向花间留晚照。”

词的上半部分，描绘的是一个优美的场景。春天渐至，游春的人来了。春波荡漾，小船分开水面波纹，也解开人们闷了一个冬天的心绪。岸上，柳树如烟，杏树如火。春意，用“闹”字来形容，形象而生动。这不是闹哄哄的、让人头疼的“闹”，而是蓬勃的、生意盎然的“闹”，像无数生命在雀跃，欢呼，成长。

当我们还沉浸在这美丽的春色中，词的下半部分，却有了一个大大的转折。

欢娱太少，忧患太多。美好和春天都是短暂的。与许多人不同的是，宋祁没有把双眼遮蔽，否认和拒绝夕阳的到来，也没有痛哭流涕，抱怨、愤怒，或者后悔自己错过了生命中的重要时刻。

宋祁只是像挽留一位亲密的老朋友一样，举起酒杯来劝面前的夕阳：“你不要急着下山啊，让我们坐下来，再饮一回，聊一回，留晚照于花间吧。”

宋祁临终前为自己撰写了墓志铭，并写下一篇“治戒”，向子女交代后事。他叫儿子们丧事从简，不要被当地风俗所左右，也不必请阴阳先生来看风水。他还告诫儿子，自己学问文章仅及中人，不足垂后；自己也无功于国，无惠于人，不必祈求名公巨卿作碑志。自己的棺木、墓室一律从简，俑偶、石兽等一概不要。

一辈子追求享乐的宋祁，对死后的世界看得很淡。也许他觉得，能充分遵从自己的心意领略这个世界，便可以微笑着走向死亡了。

欧阳修

和欧阳修一起，戴花去宋朝

在今天，一个男人，头上戴着朵花，还微笑地走在路上，你很可能认为他有病……

但在古代，尤其是宋朝，男人戴花，是普遍的习惯。3月来时，你会发现，许多宋朝人头上都顶着一朵花，走在热闹的春天里。

就在这戴花的队伍里，有一个人很特别，他就是欧阳修。

欧阳修是北宋著名的政治家、文学家。很多人读过他写的《醉翁亭记》，知道那句“醉翁之意不在酒，在乎山水之间也”，但很少人知道，他还是一个“花痴”。

他在一首词里这样写道：

直须看尽洛城花，始共春风容易别。

意思是说，只有将洛阳城所有的鲜花看遍，才容易与春天告别。只有全身心地爱过一回，分手时才不会后悔。

在洛阳做官时，欧阳修很喜欢牡丹，他遍访民间，将洛阳牡丹的栽培历史、种植技术、品种、花期及赏花习俗等作了详尽总结，撰写出现存最早的牡丹专著——《洛阳牡丹记》。

到安徽滁州做官时，欧阳修工作之余，仍然对花爱不释手，要属下在官衙四周种满花木。

他写诗道：

浅深红白宜相间，先后仍须次第栽。
我欲四时携酒去，莫教一日不花开。

——《谢判官幽谷种花》

在今天，很多人工作，尤其是做官，把自己藏得很深，别人看不到他的内心世界。但宋朝的官员不同。读欧阳修的诗，你不觉得他只是一个官员或名人，而是一个离你心很近，离美更近的活生生的人。

你看看，欧阳修多喜欢花：在家里要有花；在政府机关工作也希望有花。工作时一边喝酒，一边看花，一边处理公文，我们今天的人能想象吗？

欧阳修爱花，但自己却被生活摧残。

从外表上来说，欧阳修并不好看。

他身材矮小，脸色苍白，高度近视。在当时的文人中很难挑得出比他长得更丑的，以致风流宰相晏殊初见他，十分惊讶地说道："原来是个眼睛不好，身子也瘦弱的少年。"说完，扬长而去。

生活上，欧阳修也饱受苦难。

他有两次丧妻之痛，一次丧子之痛，加上父亲早逝，母亲体弱多病，妹夫病故，胞妹也无人照看，他够惨了。

他还经历了几次被朝廷贬官，到很偏远的地方去工作，壮志难酬，人格遭到无数次羞辱。

而他，依然爱春天，爱花。

他写了一首词：

堤上游人逐画船，拍堤春水四垂天。绿杨楼外出秋千。

白发戴花君莫笑，六幺催拍盏频传。人生何处似尊前！

——《浣溪沙》

意思是说：春天来了，河堤上满是踏青、赏春的游人。有画船从河的远处开来，游人追逐着，打闹着。

船开过去了，春水荡漾，拍打着堤岸。水晃荡着，天也跟着晃荡起来。天幕低垂，水天相接，广阔无边。

河边绿杨掩映的小楼内，传出荡秋千人的欢快笑声。

游人啊，你不要笑话画船上那个头戴鲜花的白头发的老人，他正随着委婉动听的《六幺》的歌舞和音乐，一次又一次举起酒杯。人生万事，人间百态，就让他在今天的酒中沉醉吧。

欧阳修说的“那个白头发老人”，就是自己。彼时，他家境贫寒，体弱多病。他写这首诗时其实才四十三岁，并不算太老，但他的样子已经老了。

尽管如此，他还是那个头戴鲜花，走在春天里的欧阳修呀。

直须看尽洛城花，始共春风容易别。

生了白发又怎样，长得丑点又怎样，被人笑一笑又怎样，春天是属于每个人的。如果花朵有决心，春天有决心，我们就可以有同样的决心。在任何时间，都头戴鲜花，走在所有春天和时间里。

还想聊点欧阳修的事。

欧阳修爱惜人才，也像爱惜花朵一样，怕一不小心，它们就枯萎了。他为国家发掘和提拔了大量的人才，如苏轼、苏洵、苏辙、曾巩、王安石、司马光、程颐、张载、包拯，等等。这些人，后来都成为北宋乃至中国历史上响当当的人物。

欧阳修发现一个人才，就像发现一朵花，把它戴在头上，想让更多的人看到。

欧阳修也希望自己有花朵一般的芬芳，流芳百世。他是三朝元老，皇帝的重臣，国家的栋梁。而他，作为文坛领袖，诗词歌赋散文无所不精，琴棋书画样样皆通，还编撰了《新唐书》《新五代史》。

在一次科举考试中，作为主考官的欧阳修第一次读到二十岁的苏轼写的文章时，觉得碰到了对手。

五十岁的欧阳修没有嫉妒，而是欣喜若狂，因为自己为国家找到一位不可多得的人才。他在给另一位批阅试卷的考官梅尧臣的信中，盛赞苏轼的文才说："读轼书，不觉汗出，快哉快哉！老夫当避路，放他出人头地也。"

欧阳修说，三十年后，没有人知道我欧阳修，人们记住的，将是这个现在二十岁的青年苏轼。

三十年后，欧阳修去世；再过三十年，苏轼也去世了。百年以后，千年以后，他们都没有被遗忘。人们记住了苏轼，也没有忘记欧阳修。

欧阳修多虑了。

苏轼

无穷丧，深深爱

当下，人们总喜欢讨论，人间到底值不值得。这是不是一个“普遍丧”的时代？很多人苦闷而抑郁地活着。但我相信，无论生活多么残酷，苏轼一定是那个最用力活着、开心过好每一天的人。

公元 1097 年，六十二岁的苏轼被贬海南。这是他人生第三次被贬，一次比一次远。在北宋，先皇有遗训，不许杀士大夫。但这样的流放，也是生不如死。数百位元佑大臣被打压，只有苏轼被贬得最远。

今天的海南，是一片投资的热土，旅游业欣欣向荣。但一千多年前，那是蛮荒之地，常有毒蛇出没，更有瘴气弥漫。当地居民大多是黎族人，还没有汉化，过着原始生活，让来自岛外的中原人士很是畏惧隔膜。

苏轼也害怕。启程前，他觉得自己凶多吉少。

在给友人的信中，他写道："某垂老投荒，无复生还之望，春与长子迈诀，已处置后事矣。今到海南，首当作棺，次便作墓，乃留手疏与诸子，死即葬于海外，生不契棺，死不扶柩，此亦东坡之家风也。"

到海南，苏轼首先想到找棺材，找墓地。死了葬身海外，家里不用来人。这不是写信，是在写遗书了。

还没来得及找棺材，生活上的麻烦已经让老年人苏轼焦头烂额，"食无肉，病无药，居无室，出无友，夏无寒泉……"

那时的海南岛，不种稻谷，粮食完全靠岛外供给。当地人只吃芋头喝白水作为饮食。苏轼也只得靠此维持生活，很快就瘦骨伶仃。

在外省人看来，海南岛并不适合居住。夏天极其潮湿、气闷；秋天则阴雨连绵，一切东西都发霉了；冬天又雾气很重。恶劣的气候环境，折磨着苏轼的身心意志。

最难过的，是没有书看。像苏轼这样学富五车、嗜好读书的大文豪，找不到书看，无异于酷刑。苏轼就把随身带来的《陶渊明集》和《柳宗元文集》当作二友，翻来覆去地品读。

当地的县令张中欣赏苏轼，看他没有地方住，就借官舍给他，还送酒送肉过来。然而，好景不长，朝廷知道后，颇为震怒，把苏轼赶出官舍，也把张中革职查办了。

这么丧的人生，难免把一个正常人逼向抑郁和苦闷的死胡同。但苏轼没有。

在海南岛，他想到宇宙之大，人在其中，不过像一只蝼蚁，一根细草，自己好比从一个大岛换到了一个小岛，没必要感慨天涯无路可走。

还有未完的书稿。苏轼想着肩负的文化使命，又抖擞精神，鼓励自己“不能就此死去”。

他又快活起来。

在儋州，他发现了生蚝这种美味，激动得给儿子写信说：“东坡在海南，食蚝而美。”又千叮咛万嘱咐要儿子做好保密工作，不要让朝廷的贪官们知道，否则会蜂拥跑来海南夺食。

没钱，苏轼就把酒具当了换钱，独独留下一个荷叶杯。他早晚摩挲，很是喜欢。他在很悲惨的处境下，也提醒自己好好吃饭，好好喝茶。

没有书，苏轼就写信求助惠州的朋友。朋友托商船寄来一千多卷书，他激动不已，把书搬到家里，一一整理。当地人都来围观，苏轼便把自己的家变成公共图书馆，对外开放，与他们共享读书之乐。

海南也缺乏笔墨纸砚。苏轼就自己做，为此还差点烧了屋子。他不烦恼，还自鸣得意，称自己做的墨，跟唐代著名的制墨工匠李庭珪所制的墨不相上下。

苏轼和海南的黎族人打成一片，寻友访客，在黎族人中间载歌载舞，顶着西瓜到处走，穿着庄稼人的蓑衣和斗笠，被妇女儿童笑话也不生气。

还有许多的小事，都是苏轼在海南做过的。那是一个我们熟悉的、知足常乐的苏东坡。那样的苏东坡，我们曾在他被贬黄州、惠州的时候，也无数次见过。

在海南，苏轼不仅写下无数佳作词文，更做了许多发展当地经济、文化的好事。

他带头劝学，劝农，让海南人不要迷信巫术，减少屠牛现象，将牛抢救下来耕地务农。苏轼还以年老之躯，带头挖水井，让当地人喝上卫生的饮用水。如今，苏轼留下的一些水井仍在发挥着作用。

苏轼还兴办学校，给当地居民讲学，传播中原文化。办学的消息一经传出，就吸引了很多慕名而来的学子。其中，海南历史上第一位举人姜唐佐、海南第一位进士符确，都是苏轼的得意门生。从此，海南逐渐形成学习中原先进文化的风气。

苏轼曾写下一首词：

莫听穿林打叶声，何妨吟啸且徐行。竹杖芒鞋轻胜马，谁怕？一蓑烟雨任平生。

料峭春风吹酒醒，微冷，山头斜照却相迎。回首向来萧瑟处，归去，也无风雨也无晴。

——《定风波》

其中，“一蓑烟雨任平生”被今天许多人津津乐道，并不断引用。

但今天的人，读苏轼的文字，如果忽略了他经历的苦难，以及每次面对苦难时的行动，就失去了感受当下生活的真实诗意。

公元 1100 年，宋哲宗驾崩，宋徽宗赵佶继位，朝廷大赦天下。这年 5 月，六十五岁的苏轼得到诏命，他可以离开海南了。

苏轼北上和儿孙终得团聚，而当年加害他，并把他流放到海南的章惇则被罢免了。这真是造化弄人。但苏轼并没有嘲笑这位昔日的敌人，他写信给章惇的儿子，要他照顾好父亲，还寄去一些药方，要章惇多保重身体，争取早日北归，与家人团聚。

苏轼是一个慈悲的人，不论对朋友，还是对政敌。他知道，哪有什么胜利可言，人只是宇宙洪荒中一个渺小的个体。不要放弃自己，也不要膨胀，人才能不迷失自己的内心。

回到亲人身边不久，苏轼就去世了。离世前，他总结自己：“问汝平生功业：黄州、惠州、儋州。”

这是苏轼三次被贬的地方，也是他人生中最落魄的三段经历。在常人看来，这都是“丧”，是“人间不值得”的证明。苏轼却认为，这是他生命中的顶点，是最宝贵的财富。

失落处，也就是成功处。明白了这点，也就明白了苏轼的魅力。今昔不是对比，而是映照和温暖。在映照中，苦难可以转化，痛苦可以释放和升华。

苏轼是个茶饕，有诗为证：

活水还须活火烹，自临钓石取深清。
大瓢贮月归春瓮，小杓分江入夜瓶。
雪乳已翻煎处脚，松风忽作泻时声。
枯肠未易禁三碗，坐听荒城长短更。

——《汲江煎茶》

这首诗，是苏轼流放海南儋州时所作。为了喝好茶，他晚上跑到江边的钓石上，取又深又清的江水，也不怕掉水里。他用大瓢舀被月光照着的江水，倒进瓮里，好像把月亮也贮藏了。回到家，生炉煎茶，茶沫如雪白的乳花翻滚，沸声似松林间的狂风大作。

煎好后，他不顾空腹，连喝三大碗。茶香清澈醇美，哎呀，失眠了，只好坐着听打更的声音等待天明。

古往今来，这应该是写喝茶最生动传神的句子，道尽了茶的种种魅力，撩拨着苏轼，也撩拨着今天的我们。

茶，总是出现在关键时刻。比如，苏轼所说：

酒困路长惟欲睡，日高人渴漫思茶，敲门试问野人家。

茶，也让苏轼懂得，“且将新火试新茶，诗酒趁年华”。

茶须好水。苏轼说，“精品厌凡泉”。任杭州通判时，友人送龙团茶和被陆羽评为天下第一的庐山康王谷水，他激动不已，写诗道：“此水此茶俱第一，共成三绝景中人。”在天下第一水的倒映下，苏轼喜悦的脸与水、茶一起，共成“三美”。苏轼还真有点臭美。

苏轼知道，喝茶要找对的人。和不合适的人一起喝茶，仿佛坐牢。

有一天，天气很好，苏轼写信给姜唐佐，邀请他来喝茶。姜唐佐是苏轼在海南的门生，很得他的喜爱。

可是，信刚送出，就收到通知有官差要来约见，于是不得不取消品茶之约。但苏轼仍不死心，写信给姜唐佐说：“如果会见结束得早，你还能过来一起饮茶吗？”

茶有那么多学问，那么多讲究，太适合像苏轼这样的大文豪、大生活家了。

但到了晚年，苏轼说：

> 我生百事常随缘，四方水陆无不便。
>
> ……
>
> 老妻稚子不知爱，一半已入姜盐煎。
>
> 人生所遇无不可，南北嗜好知谁贤。
>
> ……

朋友送来珍贵名茶，妻子不懂，放了姜盐进去，但苏轼没有责怪。他对茶的理解更宽容，就像对人生更宽容了一样。而茶，也从一种实际的用途和高低贵贱的品评中解脱出来，变成了由绚烂归于平静的人生况味。

因为苏轼也说过：“乳瓯十分满，人世真局促。”

品茶，亦是品味人生。

晏几道

愿我，是爱得更多的那个人

好友黄庭坚对晏几道有一个评价，说他平生有“四痴”：

一是，自己的父亲门生众多，晏几道要当大一点的官很容易，但他没有利用这些资源；

二是，明明文章写得好，却不以此作为晋升的敲门砖；

三是，帮助别人慷慨大方，自己和家人却食不果腹；

四是，无论别人怎么辜负自己，都不怨恨，也不怀疑别人可能是欺骗。

黄庭坚总结得很好，但他还漏了一个：情痴。

《红楼梦》里有个贾宝玉，他的名言是：“这女儿两个字，极尊贵、极清净的，比那阿弥陀佛、元始天尊两个宝号还更尊荣无比的呢！”

晏几道，也是一位这样的情痴。

和宝玉一样，晏几道也是一位浊世中的翩翩佳公子，不喜欢研究仕途经济，却喜欢写些诗词歌赋，整天泡在脂粉堆里。

……

记得小蘋初见，两重心字罗衣。琵琶弦上说相思。当时明月在，曾照彩云归。

——《临江仙》

小蘋是一个歌女。歌女身份卑微，被阔人贩来卖去。可在晏几道的眼里，她们是那样纯真、美丽。他从没有轻视过她们，并把每个歌女的名字小心地放在诗词里，珍藏了每一段感情。

他记得那些初见的时刻。

西楼月下当时见，泪粉偷匀。歌罢还颦。恨隔炉烟看未真。

别来楼外垂杨缕，几换青春。倦客红尘。长记楼中粉泪人。

——《采桑子》

那是一次夜宴。别人记得的，是这个歌女面对众人时强装的欢笑，而最撼动晏几道心灵的，是她独自偷偷的哭泣。

这个世界，是薄情的世界。而晏几道所能做的，是在每一个女孩哭泣时，陪在她们身旁。

晏几道能娶这些风尘中的女子吗？不能。这不能为他的家族所容，也不为他的父亲所理解。

他的父亲晏殊，大名鼎鼎，小小年纪就以神童应试，被皇帝赐同进士出身，官至宰相，位极人臣。北宋名臣范仲淹、欧阳修、韩琦等，都出自他的门下。晏殊也写儿女情长，但相比儿子沉溺在悲哀中的不能自拔，他却是理性的。

……

满目山河空念远，落花风雨更伤春。不如怜取眼前人。

——晏殊《浣溪沙》

是的，将来和过去都无须留恋，不如把握住眼前的人和事。但这样的劝诫，儿子晏几道会听吗？

看看儿子所写的词吧：

初心已恨花期晚，别后相思长在眼。兰衾犹有旧时香，每到梦回珠泪满。

多应不信人肠断，几夜夜寒谁共暖。欲将恩爱结来生，只恐来生缘又短。

——《木兰花》

你看，一个男人和爱人分开，还抱着人家离去后的被子，拼命闻，每天以泪洗面。这可不是中国传统文化里推崇的那种男人。所谓“乐而不淫，哀而不伤”，这种对感情的克制和中庸，才是正统的大道。而晏几道的感情来得太痴迷，太热烈，也太沉醉了。

父亲晏殊去世以后，这个傻呵呵不识人间疾苦的晏几道饱尝了人情冷暖，世态炎凉。以前，他们家人声鼎沸，熙熙攘攘，如今，“门前冷落鞍马稀”，再没有人问津了。

本就不喜欢巴结达官贵人的晏几道，也就彻底和官场绝缘。他的生活十分窘迫，甚至连家人的温饱也成了问题，但他却不为所动，安之若素。

因为晏几道的文笔优美，权倾朝野的奸相蔡京慕名几次派人前来，请他写词。这在别人眼里，是一个不可错过的、飞黄腾达的好机会。但晏几道不冷不热地写了两首词奉上，竟无一句言及蔡京。就这样，送上门来的荣华富贵就被晏几道给断送了。

而他放心不下，念兹在兹的，仍然是那些他爱过的女孩。

彩袖殷勤捧玉钟，当年拚却醉颜红。舞低杨柳楼心月，歌尽桃花扇底风。

从别后，忆相逢，几回魂梦与君同。今宵剩把银钉照，犹恐相逢是梦中。

——《鹧鸪天》

这样的见面，真让晏几道喜悦啊。拿着灯不停地照，也许还要掐彼此的脸，以为这又是大梦一场。

相聚总是短暂，离别才是真相。晏几道到底能给这些女孩子什么样的保护呢？如今的他，从“白玉为堂金作马”到“只落了片白茫茫大地真干净”，养活自己尚且困难，还怎么保护这些他喜欢的女孩呢。

贾宝玉曾经希望，大观园的姐妹们都在一起，永远不要分开。而晏几道也像天真的孩子一样，没想过爱人竟然要有分离。他又说起了痴语：“若问相思甚了期，除非相见时。”

但喜欢的女孩还是走了，像花朵都散去了天涯。晏几道赌气说着：“此后锦书休寄，画楼云雨无凭。”再也没有相见的日子了。但晏几道哪能忘记呢，他就是靠着深情活着的，他不断地想起那些在一起的美好往事，理解了她们，并原谅了她们。

宋徽宗大观四年（公元 1110 年），年过古稀的晏几道悄然辞世。晏几道没有走传统文人科举入仕的道路，在政治上也没有大的作为，关于他的生平事迹，正史中几乎没有任何记载。

他留下一部《小山词》，供后人评说。很多人不喜欢这部作品，指斥其“狭隘而浅薄”。但晏几道生平不多的朋友之一，知己黄庭坚却力挺它，说它“清壮顿挫，能动摇人心”，并为这部作品写下序言。

晏几道确是一个情痴。他把那些在世俗眼里低到尘埃里的女子，大力地歌唱，乃至崇拜。相比别人的理智，晏几道的痴，显得这般可爱，这般珍贵。

爱有很多种，有无情、薄情，也有多情、痴情和深情。

而多情的人，最怕碰到无情和薄情的人。因为他的爱是单向的，得不到回应、肯定和报答。

晏几道不太幸运，他碰到太多的无情人、薄情人。他无可奈何地写道：

相逢欲话相思苦。浅情肯信相思否。还恐漫相思。浅情人不知。

……

——《菩萨蛮》

每一次的相见，相恋，带来的却总是彼此的离别，让晏几道

“独享”相思之苦。或许别人已经忘记了，但晏几道没有忘记，他甚至不愿意忘记，所以他总是受伤最重、流泪最多的那个。

> 醉拍春衫惜旧香。天将离恨恼疏狂。年年陌上生秋草，日日楼中到夕阳。
>
> 云渺渺，水茫茫。征人归路许多长。相思本是无凭语，莫向花笺费泪行。
>
> ——《鹧鸪天》

晏几道也懊恼，也痛苦，也悲伤，甚至有时也有点怨恨，“此后锦书休寄，画楼云雨无凭”。但他不后悔，一个深情之人是不会后悔的，更是不会遗忘的。他在梦里，在喝醉酒时，在生活的每时每刻，都会想起自己爱过的人。

需要补充的是，当晏几道还是一个贵公子时，有些他认为的对方无情，可能并不是无情，而是彼此关系和阶级的不对等。

对于那些来自贫寒人家，或被贩来卖去的歌女，爱情是那么奢侈和遥不可及。即使爱上，恐怕也不敢说，更不敢大胆地去追求，只能让自己冷却，并且忘记。

秦观

如果快乐太难，那我祝你平安

二十五岁的韩国女艺人去世的消息传出后，很多人在网上留言，都表示很惊讶：“怎么会是她？”有人猜，可能是因为网络暴力，但马上有人反对，因为女艺人对网上有关她的恶意攻击，似乎从来就不在乎。这么特立独行的人，怎么会自杀呢？于是，又有人说，还有一个可能，就是她的内心太软弱。

一个人能够在多大程度上了解另一个人？一个人内心的绝望，别人能感同身受吗？恐怕不能。所以，她到底有多绝望，没有人知道。

而在历史上，也有类似绝望的人，他就是北宋的秦观。有研究者统计，在北宋词人中，晏几道和秦观使用“泪”的频率最高。清末词评家冯煦干脆说，秦观和晏几道是“古之伤心人也”。而近代学者王国维认为，秦观的词境比晏几道更凄婉，是宋代词人中最伤心的一个。

秦观喜欢写“愁”。愁，本是人一种常见的情感，在诗词里出现并不稀奇。“日暮乡关何处是，烟波江上使人愁”，这是唐代诗人崔颢的愁；“只恐双溪舴艋舟，载不动许多愁”，这是宋代词人李清照的愁；“问君能有几多愁，恰似一江春水向东流”，这是南唐后主李煜的愁。但秦观的愁，比亡国之君李煜来得更汹涌宽阔，也更匪夷所思。

他在被贬之地处州，也就是今天的浙江丽水，写了一首《千秋岁》：

水边沙外。城郭春寒退。花影乱，莺声碎。飘零疏酒盏，离别宽衣带。人不见，碧云暮合空相对。

忆昔西池会。鹓鹭同飞盖。携手处，今谁在。日边清梦断，镜里朱颜改。春去也，飞红万点愁如海。

春寒消退，正是江南草长莺飞，杂花生树的好时节，可秦观高兴不起来。他离群索居，形影相吊，一再想到往昔在汴京的聚会。当年，他和苏轼、黄庭坚等一起，携手同游，畅谈诗文，多么痛快。现如今，由于受政治迫害，包括秦观在内的大批元佑党人被清除出朝，被贬往穷山恶水的边远之地。在这种严峻的政治高压下，秦观除了恐惧，就是绝望。

秦观陷在回忆里出不来。春天越美，越好像是在讽刺和嘲弄。于是，秦观把春天都否定了。同时否定的，还有作为一个人生命的春天。“春去也，飞红万点愁如海。”在中国古代，被贬官的诗人、词人何其多。但像秦观那样，忧愁如大海的人却并不多见。

其实，秦观最初不是这样子。《宋史》里说，他曾年少气盛，抱负远大理想，“少豪隽……强志盛气，好大而见奇”。秦观还喜读兵书，有征战杀场、报效国家之志。但当遭遇逆境，他的意志就被击垮了。

家境贫寒的秦观，非常想通过科举考试改变命运。第一次科举落榜，他气得闭门在家中作《掩关铭》，生了一场大病，几乎死去。第二次还是没中，秦观变得更加悲伤失落，甚至想隐居，不走仕途。而他又无法放下。在老师苏轼的鼓励下，他第三次参加考试。这一次，三十七岁的秦观终于考中进士，从此走上官场。

秦观很珍惜这个机会。可元佑党祸，对他是一次毁灭性的打击。他丢掉了官职，也丢掉了大好的前途，被贬往丽水。三年后，也就是公元 1097 年，他又被新党罗织出其他的罪名，流放到更远、更荒僻的郴州。这次，他被削去了所有的官爵和俸禄，变得一无所有。

彼时，秦观已经四十九岁，这样的年纪却还漂泊在外，远离亲人。他写道：

雾失楼台，月迷津渡。桃源望断无寻处。可堪孤馆闭春寒，杜鹃声里斜阳暮。

驿寄梅花，鱼传尺素。砌成此恨无重数。郴江幸自绕郴山，为谁流下潇湘去？

——《踏莎行·郴州旅舍》

太多否定充斥在这首词里。大雾笼罩一切，楼台在雾中消失。看不到前面的路，渡口也在朦胧的月色中隐没。陶渊明笔下的那个桃花源呢？秦观更不可能找到了。

秦观封闭在孤独的馆舍里，听着窗外杜鹃一声声“不如归去”啼血的鸣叫。他翻检和朋友往来的书信，将无数恨事砌成墙、砌成屋，把自己关在里面。

今天的人去翻秦观的词集，对词里出现那么多的“恨”，也一定触目惊心。秦观像一只杜鹃不停地啼叫，在向所有人预警，他快不久于人世了。而谁真的知道他的心呢？“天涯旧恨，独自凄凉人不问”“放花无语对斜晖，此恨谁知”。

我们通过诗文和语言，寻求情感的共鸣。但古往今来，人与人之间的不能沟通和理解，仿佛也是一切人类的命运。

鲁迅曾在一篇杂文里说：“楼下一个男人病得要死，那间壁的一家唱着留声机；对面是弄孩子。楼上有两人狂笑，还有打牌声。河中的船上有女人哭着她死去的母亲。人类的悲欢并不相通，我只觉得他们吵闹。”

不说出内心苦闷和不停地诉说内心苦闷的人，同样不能被人理解。所以，秦观与其向别人抱怨自己的苦难，不如老老实实地去突破苦难的包围。

几年后，一个好消息传来：宋哲宗逝世，宋徽宗继位，大批元佑党人被赦免，其中就有秦观和他的老师苏轼。

苏轼从海南儋州到广西雷州看望弟子秦观。分手时，秦观给老师看自己写的《自挽词》。苏轼说：“我担心你不能看破生死，现在看，我多虑了。你有这样的胸怀，我很欣慰。我也曾自作了一篇墓志铭，用信封封好交给侍从拿着，只是不想让儿子苏过知道罢了。”师徒二人就此别过。

苏轼以为弟子经过命运的磨砺变得超然豁达，而其实秦观并没有看透。他的悲观和绝望，已经像钉子一样扎进心灵深处，无法摆脱。

公元 1100 年，秦观遇赦北归，终于结束了一贬再贬的厄运。走到广西藤县，他在华光亭赏景，酒后醉卧。梦中，他填了一首词。第二天醒来，他想喝水。同行之人把水取来时，秦观看着水笑了。就在这笑声中，一代才子溘然长逝，终年五十二岁。

听闻秦观去世的消息后，苏轼悲痛欲绝，说：“当今文人第一流，岂可复得？哀哉！哀哉！”

苏轼自己，年纪最大，被贬谪得最远，但活得很充沛，他有一句名言：“此心安处是吾乡。”苏轼的弟子黄庭坚，从未叹息命运不公，也从未请求过赦免宽大，始终高昂着头颅。张耒，“苏门四学士”里年纪最小的一个，遭际坎坷时，他也只是说：“人生随分足，风云际会，漫付伸舒。且偷取闲时，向此踌躇。”

大家都能想得开，都能在不堪的人世中找到超越和解脱之道，为什么独有秦观不行呢？苏轼不明白，我们也不明白。我们可以说秦观软弱、无能、脆弱，但秦观到底遭遇了怎样心灵的折磨，我们恐怕也无法感同身受。

王国维读秦观的词，读到“可堪孤馆闭春寒，杜鹃声里斜阳暮”，意识到这是词人的“凄厉之声”。王国维比秦观同时代的人更能理解和同情他。秦观曾长时间在生死的悬崖边徘徊，他被逼到尽头，活着的每一天，每一分钟，都在苦苦自救。而王国维之所以能够看清这一切，也许正是因为跳出了当时人事的琐碎和个人的局限，站在更长的时间维度里。

我们今天的时代，和秦观那时候早已不同。随着社会的发展，人的生活方式变得越来越多元化，价值观也相应地多元化了。但人世间，仍然潜伏着各样绝望的人群。我们不一定理解，甚至会误判他们。

有时候，我就想起秦观，如果他自己能够变得强大；或者在他生命的每一个关键时刻，都能有个人向他伸出援助之手，给他温暖和无私的爱，默默陪伴他，他也许就能走出困境，活得更长久了。

贺铸

我很丑，但是我很温柔

近年来，越来越多的历史爱好者开始关注宋朝，被它创造的文明吸引，并为之叹服。但宋朝也是一个软弱的朝代。宋朝皇帝吸取前朝教训，采取重文轻武的政策，限制武将权力，降低武人地位。这确实防止了可能突然出现的兵变，但也给武将戴上了无形的枷锁，使国人丧失了某种尚武的精神。在与他国的军事较量中，宋朝始终被动挨打，以金钱换取和平。

而作为武将世家子弟的贺铸，不幸赶上了这样的时代。贺铸的祖上可以追溯至春秋时的庆忌。这也是一位将门出身、勇力过人的好汉。史书上说他“筋骨果劲，万人莫当”。

但好汉也薄命。一个叫要离的刺客，用矛刺穿了庆忌的胸膛。他被庆忌的卫士抓获时，庆忌说："此是天下勇士，岂可一日而杀天下勇士二人哉！"于是，要离被释放了，而庆忌身亡。

贺铸的五代祖、高祖也都是高级将领，带兵打仗，驰骋沙场。到了贺铸，那种血脉中的英雄气仍在，但只能孤芳自赏了。贺铸还是皇亲国戚，是宋太祖赵匡胤贺皇后的族孙。

然而，宋代严防外戚干政，他并没有因出身得到多少福荫。父亲去世早，家里的重担都压在了十六岁的贺铸身上。十七岁时，他在京城找到一份不起眼的武职工作：右班殿直。此后很多年里，他在右班殿直、监军器库门、临城酒税等小职务上辗转，兢兢业业，但职微言轻，三十七岁时，依然没有出头之日。

他回望往昔，写下一首词：

少年侠气，交结五都雄。肝胆洞，毛发耸。立谈中，死生同。一诺千金重。推翘勇，矜豪纵。轻盖拥，联飞鞚，斗城东。轰饮酒垆，春色浮寒瓮，吸海垂虹。间呼鹰嗾犬，白羽摘雕弓，狡穴俄空。乐匆匆。

似黄粱梦。辞丹凤，明月共，漾孤篷。官冗从，怀倥偬，落尘笼。簿书丛，鹖弁如云众，供粗用，忽奇功。笳鼓动，渔阳弄。思悲翁。不请长缨，系取天骄种，剑吼西风。恨登山临水，手寄七弦桐，目送归鸿。

——《六州歌头》

这是真正的游侠壮士形象，在宋词中前所未有。少年的贺铸，是多么豪气干云，结交各大都市的豪雄之士；与朋友肝胆相照，惺惺相惜，不待坐下来，就成为生死之交；答应别人的事情，一诺千金，决不反悔。他们推崇勇气，狂放不羁、傲视群雄。在酒家豪饮，似乎能把大海吸干；带着鹰犬去打猎，霎时便荡平了狡兔的巢穴。

如今人到中年，过去的一切，仿佛黄粱一梦。像贺铸这样成千上万的武官，被支派到地方上打杂，劳碌于文书案牍之间，不能上战场杀敌，建功立业，这是多么悲伤的事情。

这一年是元佑三年，公元 1088 年。3 月，北宋西北边陲塞门寨遭受西夏攻击。战争需要将士，而像贺铸这样的老兵却无路请缨。贺铸很愤怒，他满怀惆怅之情，游山临水，抚琴长叹。

贺铸只能弃武从文。他在李清臣、苏轼推荐下，改任文职，为承事郎。虽是一名小官，境遇还是好了一些。

古代的为官之道，讲求的一点就是谨言慎行。但贺铸没有。他始终狂放不羁，耿直敢言，任侠使气。《宋史》里说，贺铸喜欢谈论时事，批评人不留情面。即使是权贵要人，有小地方不喜欢，他也会极力批评，决不隐藏自己的观点。这就注定他的仕途充满坎坷。

贺铸还被拿来说短论长的一件事情，就是他的相貌：因为长得实在太丑，以致有好事者送其外号“贺鬼头”。

贺铸丑，穷，又是武人，工作也不稳定，依然不妨碍有人爱他。妻子赵氏，是皇族的千金小姐，嫁给贺铸后无怨无悔，不辞辛苦，勤俭持家。然而，贫贱夫妻百事哀，贺铸人到中年，妻子先他一步离世了。

妻子生前很体贴丈夫，而丈夫对妻子的爱也是深沉的。他中年后客居苏州，有时又去外地谋生。每次回到苏州，都有妻子在等他。如今回来，却孑然一身。往日与妻子相濡以沫的景象，一幕幕都在眼前。他写下了《鹧鸪天》。这首词悲怆动人，被誉为悼亡词中的名篇，和大文豪苏轼的悼亡词《江城子》并称为北宋悼亡词的“双绝”。

重过阊门万事非，同来何事不同归？梧桐半死清霜后，头白鸳鸯失伴飞。

原上草，露初晞。旧栖新垅两依依。空床卧听南窗雨，谁复挑灯夜补衣？

很难想象，作豪放语一点不输苏轼、辛弃疾的贺铸，当他作凄婉之词时，也能俘获众人之心，开婉约词之先河。一方面是豪纵任侠，一方面是细腻温柔，两种极其矛盾、相差甚远的性格奇妙地统一在他的身上，一点都不违和。而他的为人，就好像他的词一样，在豪放与婉约两极之间自由驰骋，无所挂碍。只能说，贺铸是北宋词人队伍中罕有的别调。

到了晚年，贺铸仍不能忘怀妻子，但也渴望爱情。在苏州，他遇见一位女子，写下了这首千古传唱的《青玉案》：

凌波不过横塘路，但目送、芳尘去。锦瑟华年谁与度？月桥花院，琐窗朱户，只有春知处。

碧云冉冉蘅皋暮，彩笔新题断肠句。试问闲愁都几许？一川烟草，满城风絮，梅子黄时雨。

这是一段单相思。这样一个丑陋粗犷的武人，藏着这样细腻敏感的心思，偏又遇见这样的女子。他失去了主张，变成一个手无缚鸡之力的弱者，在爱面前投降了。

最终，他把爱藏在了心底。江岸如烟的青草、满城随风飞舞的杨花柳絮、江南梅熟时的连绵淫雨，都不足以形容他纷繁复杂的“闲愁”。词的最后一句，也成为千古绝唱，“贺鬼头”从此多了一个外号“贺梅子”。

公元1125年，七十四岁的贺铸死于常州的僧舍，他也许是去寻找妻子了。两年后，金兵南下，攻取北宋首都汴京，掳走徽、钦二帝，北宋灭亡。

李清照

我们为什么只有一个李清照

为什么几千年中国文学史，男性大家代有人出，却只诞生了一个李清照？

是女人天生文采不如男人吗？当然不是。看看蔡文姬、卓文君的作品。只可惜她们流传下来的诗歌太少，我们比较熟悉的，也只有蔡文姬的《悲愤诗》和卓文君的《白头吟》。再看看大才女班昭，她虽有续写《汉书》的才华，也只留下七篇作品。

宋代还有位才女，名叫朱淑真，才学、见识都不错，诗词也写了不少。但离世后，父母却焚毁了她的作品，“百不存一”。

唐代按说是人人向往的朝代，大国气象，开放自由。但当时最有名、最多产的女作家大多是一些风尘女子。比如，鱼玄机、薛涛。

当时的普通女子难得有受教育的机会，自然没有以才学出众的可能。那么，那些出身高贵的名门闺秀、富家女子呢？

其实，在中国封建父权社会，不论哪个阶层，女性生来便有重重枷锁，精神上的禁锢尤甚，“女子无才便是德”。开明一点的家庭，女子舞文弄墨是可以的，但将自己的家庭琐事、感情生活诉诸笔端，甚至公之于众，却是万万不能允许的。

所以，不能写，写了也只能自我欣赏，闺中传阅。死后作品必须被毁掉，不能流传于外，有辱名节。

但李清照幸运，她有一个相对开明的家庭。

李清照的父亲李格非是当时著名的学者和散文家，深得苏轼赏识，是“苏门后四学士”之一。母亲亦出身于官宦人家，颇有文学才华。在《宋史》讲述李格非的人物传记里，还专门提到她，“妻王氏，拱辰孙女，亦善文”。王拱辰也是宋代的名流，当时最年轻的状元。李清照一家浓厚的书香氛围，对她的童年影响巨大。

也因此，李清照小小年纪就卓见不凡。她的才学和见识很早就走出深闺，站在一个更宽阔高远的角度向世界眺望。她对所有感兴趣的事物都可以自由地表达，并写成文章。

一次，一群文人来家聚会。李格非的好友张文潜作了一首

《读中兴碑》:“玉环妖血无人扫，渔阳马厌长安草。”寓意红颜祸水，女色亡国。

张文潜是“苏门四学士”之一，才华横溢，大家对他的诗纷纷赞叹。唯有十七岁的李清照认为，唐朝的灭亡本是君王将相的责任，岂能将罪责归咎于一无权无职的女子。她还和了两首诗《浯溪中兴颂诗和张文潜》加以辩驳。她的和诗，不像原诗对大唐中兴一味歌功颂德，而是着眼于王朝兴替，反省动乱的缘由。

一个年轻女子，不盲从权威，对重大政治事件发表意见，而且出语惊人，见解深刻，李清照的才华远超众人想象。而她这种独立的思想，正是她的家庭给予的，而且伴随了她的一生。

二十多岁时，李清照写了一篇《词论》，把自五代以来几乎所有重要词人都批评了一遍，把晏殊、晏几道、秦观、欧阳修等诗坛大腕全部拉下神坛，指出他们的缺点。她还批评苏轼。要知道，苏轼是她父亲的老师，而李清照的丈夫更是苏轼的崇拜者。

李清照不为亲者讳，也不惧权威，敢说敢言，也因此在很长一段时间里，很多人不喜欢她，觉得是一个小女子自不量力。但随着时间的推移，人们渐渐发现李清照的价值和深度。她原来不仅是一位杰出的文学批评家，更以自己的创作证明，什么才是“词别是一家”。

李清照写词，也写诗。在词中，你可以看到她或明畅欢快，或婉约旖旎的小儿女情态；在诗歌里，有一个更广阔沉雄的李清照。她的诗覆盖政治时事、宋金战争、历史典故等各种题材，可见她兴趣面、知识面之广泛。

李清照写了一首诗《夏日绝句》：

> 生当作人杰，死亦为鬼雄。
>
> 至今思项羽，不肯过江东。

借当年项羽垓下战败，不肯回江东的事，讽刺一味求和的南宋朝廷，引起轰动。一个女子，诗歌里传递出来的那种英雄气，成为孱弱王朝里发出的时代最强音，仍在振奋今天的人。所以，如果把李清照只当作一个闺中才女，未免小觑。

李清照的幸运，其实还和一段美好的婚姻有关。

李清照十八岁那年与二十一岁的赵明诚成婚。可喜的是，他们情投意合，价值观和人生观高度吻合。每逢初一、十五的太学休假日，李清照都会带钱五百，与丈夫赵明诚到京城的相国寺选购书籍、碑帖、干果，回来坐在家里，相对品玩咀嚼，其乐融融。

夫妻还常常比赛，以茶为彩头。两个人指着家里满屋的书籍，互相考问对方，要对方说出某个典故在某书某卷第几页第几行。猜中了，才可以喝茶。多数时候，胜利者都是李清照。她非常聪明，记忆力极好，每次猜中，便开怀大笑，以至于不能自已，把茶倒在自己怀里，反而饮不到一口。

他们还经常比赛写诗。即使在靖康之变后，漂泊到南方，李清照仍不能丢掉自己的小情趣。在南京大雪纷飞的日子里，李清照和丈夫戴着斗笠，披上蓑衣，踏雪寻诗。李清照总能得到佳句，而丈夫的诗总比妻子稍逊一筹。

俗话说："木秀于林，风必摧之。"中国封建文化推崇的是"温良恭俭让"，是懂得敬畏和服从的女子，而像李清照这样才华横溢又锋芒毕露，似乎必然是要遭遇挫折的。幸运的是，她有一个宽容她、允许她心性自由发展的父亲，成就了她这样的人生底色。还有一个尊重她、欣赏她的丈夫，使这样的色彩在她后来的人生中愈发明艳。一个人，一个女子，在现代社会中理所应当的权利，成了李清照的幸运。这一点幸运，加上她自身的天赋与努力，便成就了一代女文豪。

中年之后的李清照境遇坎坷，国破家亡，千里流离，文物丢失，丈夫病死，再嫁被骗，无儿无女……一系列不幸的遭遇摧残了李清照，但也磨砺了她的思想，使得她的诗词更加感人，更有深度。真是"国家不幸诗家幸，赋到沧桑句便工"。

晚年的李清照，孤苦一人。她看中一个十岁的小女孩，觉得聪明伶俐，天分极佳，便想把自己的才识传授给她。但这个女孩却婉拒了李清照的美意，说："才藻非女子事也！"

这是这个女孩的幸运，还是不幸？

李清照写过一首词，叫《渔家傲》，这应该是她生命的最后阶段写的：

天接云涛连晓雾，星河欲转千帆舞。仿佛梦魂归帝所，闻天语，殷勤问我归何处。

我报路长嗟日暮，学诗谩有惊人句。九万里风鹏正举。风休住，蓬舟吹取三山去！

李清照借着天帝之口，问了自己，也是每个人都要面对的人生终极问题："你要到何处去？你最后的归宿是什么？"她回顾往事，自己的一生都在不断地追寻，追寻爱情，追寻美好，追寻诗意的生活。如今，七十多岁，境遇愈发艰难了，虽然常有"寻寻觅觅，冷冷清清，凄凄惨惨戚戚"的时刻，但往昔坚硬的底色仍在。

九万里风鹏正举。风休住，蓬舟吹取三山去！

人的肉身终将消亡，但对心中的理想和对生命意义的探索，像乘风展翅的大鹏一样，永远高蹈飞翔。

陈与义

每个人都是梦做的

人生如梦。人生就如莎士比亚在《暴风雨》中所说：“构成我们的料子，也就是那梦幻的料子；我们短暂的一生，前后都环绕在酣睡之中。”

因为心性不同，经历不同，有些人很早就体会到了，有些人却一辈子也无法领悟。而作为词人的陈与义，是在四十六岁时才感受到的。他说：“二十余年如一梦，此身虽在堪惊。”

二十多年前，他经历过一次酒局。这是他人生中难忘的一次酒局。那个夜晚，他和朋友们喝酒，吹笛，赏月，畅谈理想，一醉到天明。

他写了一首后来广为流传的《临江仙》，回忆这段往昔：

忆昔午桥桥上饮，坐中多是豪英。长沟流月去无声。杏花疏影里，吹笛到天明。

二十余年如一梦，此身虽在堪惊。闲登小阁看新晴。古今多少事，渔唱起三更。

那时是宋徽宗政和年间，国家承平无事，百姓安居乐业。那也是一个前所未有的、文明程度极高的王朝，经济发达，人民富裕。二十多岁的陈与义考中了进士。作为朝廷官员，他正怀着报国兴邦的伟大梦想，打算投身这伟大的时代。

陈与义的曾祖陈希亮，在历史上也大名鼎鼎，是北宋一代名臣。他为人清廉、刚直不阿。他所到之处，贪官污吏都洗心革面。就连苏轼这样平生不愿为人作墓志的大才子，也十分敬佩陈希亮的为人，在陈希亮死后，担心他的事迹失传于后世，破例为他作传。

家风如此。到陈与义这一代，也深受影响。陈与义从小聪颖卓越，同辈都钦佩他，难以望其项背。《宋史》里记载：作为朝廷官员的陈与义，容貌庄严敬肃，不苟言笑，平常待人接物儒雅谦恭，然内性刚强，不可冒犯。陈与义的低调也被世人称道，他多次向朝廷举荐优秀的士人，但从不表白自己的举荐之功。

陈与义出生在洛阳。

在北宋时期，洛阳虽然不是首都，但作为西京，仍然是全国的政治、经济、文化中心。全国著名的私家花园都汇于此，最高学府国子监、许多名家大儒也都在洛阳，朝中重臣也多在此养老休憩。欧阳修在这里写就了《新唐书》，司马光在这里完成了《资治通鉴》。这些前辈先贤的事迹，也激励着年轻的陈与义。而他平时所交往的，也多是有着远大抱负的英雄俊杰。

所以，他才会说：忆昔午桥桥上饮，坐中多是豪英。

午桥在哪呢？它的来历也不简单。它坐落在洛阳东南的伊水之上，是一座著名的石桥。午桥碧草，是“洛阳八景”之一。唐代宰相裴度觉得这里山水皆美，于是因山就水，建了一座闻名遐迩的别墅，内植花木万株，起名“绿野堂”。每当闲暇，裴度便与诗人白居易、刘禹锡等名士在此酣宴终日，畅谈理想。

到了北宋，名相张齐贤也在此建湖园，种植牡丹珍品。此后，常有名士来此凭吊游赏。如今，洛阳诗人陈与义也来了。

他和朋友们在这里吟诗，赏画，喝酒，杏花疏影里，吹笛到天明。他们许下的梦想，彼此的肝胆相照、心心相印，午桥下静静流过的伊河水可以作证。

然而，这竟成绝响。

公元 1127 年，金朝挥师南下，如破竹之势，攻下北宋首都开封，掳走徽、钦二帝。一同被掳走的，还有赵氏皇族、后宫妃嫔、贵卿、朝臣等三千多人，开封城中的公私积蓄被扫荡一空，北宋灭亡。

陈与义跟着流民逃往南方。他以前很喜欢杜甫的诗，但直到此时，才深深理解了杜甫。和杜甫经历安史之乱一样，陈与义也饱尝了颠沛流离、国破家亡的痛苦。

然而，天不亡宋。赵宋王室还留一个康王赵构。他建立了流亡政府，是为宋高宗。最初几年，流亡政府如惊弓之鸟，先后流转扬州、苏州、杭州、南京、绍兴，甚至一度漂泊海上，最后定都杭州。

等到宋高宗缓过神来，他才发现，自己的随行者已寥寥无几，于是决定起用旧臣，陈与义也在被征召之列。

一开始，宋高宗还挺欣赏他。陈与义被任命为礼部侍郎，后还升任副宰相等职。在此期间，陈与义也尽心竭力，为南宋王朝的稳定和发展付出了努力。陈与义更希望的是，有朝一日，皇帝能挥师北伐，一雪靖康之耻。

但时间久了，陈与义发现，宋高宗一天都没想过要打回开封，收复山河。暖风熏得游人醉，直把杭州作汴州。

杭州确是好地方，但陈与义最想的，还是故国。

高宗无意北伐，使陈与义深感失望。他托病，从中央退到地方，去湖州做太守，最后索性成了一个闲人。他寓居在湖州青墩无住庵，据说《临江仙》就是在庵中所写。

陈与义不能忘怀洛阳的牡丹。南宋时，由于大批北方河洛移民的迁入，南方很多地方都开始种植牡丹，甚至有些牡丹的品种与当年洛阳的所差无几了。

但陈与义总觉得有哪里不一样。他写下《咏牡丹》一诗：

一自胡尘入汉关，十年伊洛路漫漫。
青墩溪畔龙钟客，独立东风看牡丹。

此时，距靖康之变已有十年。面对春日盛开的青墩牡丹，陈与义独自观赏。他想说却没有说出来的话是，什么时候，我才能再回到故乡去观赏天下驰名的洛阳牡丹。

陈与义写这首诗的时间与写《临江仙》的时间相近。两年后，陈与义病逝，享年四十九岁。从此，他和他的长沟流月、杏花疏影永留彼岸。

杏花是春天最早到来的花，十二花神之“二月花”。

杏花开得热闹，它们是最先跑到春光里的孩子。

所以宋祁会写：“绿杨烟外晓寒轻，红杏枝头春意闹。”杨柳如烟，寒意渐渐退去，无数杏花在枝头开放，春天来了。

杏花调皮。每当读到“应怜屐齿印苍苔，小叩柴扉久不开。春色满园关不住，一枝红杏出墙来”这首诗时，我总想象一个孩子在爬墙。他好奇、冲动，憧憬外面的世界，也渴望被人知道。

杏花的颜色总是在变，像小孩子的心情捉摸不透。含苞待放时，它是艳红；花瓣张开后，就由浓转淡；花落时，它呈雪白之色。诗人杨万里因此说：“道白非真白，言红不若红。请君红白外，别眼看天工。”

看一朵杏花如此，了解一个孩子也如此。心心相印，方能了悟那只可意会不可言传的美。

相比桃花，杏花总显得平淡、朴素。它不事雕琢，淡然自得，仿佛有某种领悟。也许如此，孔子才会坐在杏坛上弦歌讲学，教弟子读书。而老年的陈与义回望自己的青春时代，才会选择杏花疏影相伴。

如今，陈与义老了，他有口难言，有志难酬。于是“闲登小阁看新晴。古今多少事，渔唱起三更”。

杏花不是杏花，是热血、青春、幻灭和故国的乡愁。

杨万里

朋友，你是否真读懂了『小荷才露尖尖角』

背诵一百首有关夏天的著名诗歌，不如在夏日的池塘边静静地观察一个下午；念一千遍“锄禾日当午，汗滴禾下土。谁知盘中餐，粒粒皆辛苦”，不如去农村的田埂上看看农民到底如何劳作；在书斋里识一万种花朵的名字，不如走到自然里去，闻闻花朵真实的香气。

南宋诗人杨万里直到三十六岁，才明白这个道理。

对此，他作出的第一个反应是，把三十六岁以前的诗都烧了。一共一千多首，堪称丰富，但都被烧光了，一篇不留。

朋友们都为他可惜。那些诗里，有“疏星煜煜沙贯月，绿云扰扰水舞苔”，也有“坐忘日月三杯酒，卧护江湖一钓船”。这严谨的对仗，这开阔的诗意，不是很好吗？还有，“露窠蛛恤纬，风语燕怀春”，一般人都看不懂，多有文化啊。还有“立岸风大壮，还舟灯小明”，挺好的呀，怎么说烧就烧了。杨万里是不是疯了？

杨万里没疯，他清醒得很。以前，他总模仿那些最有名的诗人写诗，写下的诗歌没有自己的情感在里面，都是前人的诗句，前人的情感。

所以，他决定把自己以前所有的诗都烧了，重新开始。

杨万里决定，不再被那些著名的诗句束缚，彻底摆脱前人的影响，增强自己对自然的直接感受力。他不再闭门读书，而是一次又一次走到自然里去，观察万物，体会它们，并写下它们。

他一改以往文风，不再用生僻的词语，平平实实地写下了：

园花落尽路花开，白白红红各自媒。
莫问早行奇绝处，四方八面野香来。

——《过百家渡四绝句》

他还走到孩童那里，并带着童真写下了：

篱落疏疏一径深，树头花落未成阴。

儿童急走追黄蝶，飞入菜花无处寻。

——《宿新市徐公店》

在杨万里的诗歌里，我们总看到一种事物的变化，这变化是那么迅速，好像只被杨万里注意到了。他的笔，他的眼睛，好像一个敏感的相机镜头，把每一个微妙的变化都拍下来，写下来，让读者看到。

杨万里一次次走进自然，走进儿童的心灵，也走进那些微小的事物。他写下了《小池》：

泉眼无声惜细流，树阴照水爱晴柔。
小荷才露尖尖角，早有蜻蜓立上头。

这是夏天的小池塘，泉眼也许是太小，悄然无声地流淌。作为诗人的杨万里却说，这是因为泉眼舍不得细细的水流，一个“惜”字，珍贵不已。

树荫倒映在池塘的水面，它喜爱晴天和风的轻柔。娇嫩的荷叶嫩尖刚从水面露出尖尖的角，早有一只小小的蜻蜓立在它的上头。

这是一首平常的诗，也是一首难忘的诗。

在今天这个时代里，我们常常对庞然大物惊叹，追求一切都是大的、夸张的、显而易见的。而在八百多年前的南宋社会，杨万里却追求小，热爱小。小池、泉眼、细流、小荷、蜻蜓，都是小的。在这细小里，杨万里还发现了爱。

泉眼爱着细细的水流，因此便有了小小的池塘；水爱着树荫，让它倒映水面；而树荫则爱着这晴柔的时光；荷花得到池水的滋润，露出尖尖的角；小小的荷叶尖，也给蜻蜓提供了驻足的地方。

这么一个夏天，这么一方小小的池塘，这么一个有爱的地方，被杨万里看见了，也被小小的蜻蜓看到了。“小荷才露尖尖角，早有蜻蜓立上头。”杨万里仿佛也是一只蜻蜓，他的目光永远搜寻着那些别人所忽略的、最细微的美，等待着随时落下。

爱是真的，爱也是美的。爱是一种传递，爱也是一种彼此的默契。

爱在泉眼里，爱在树荫下，爱在池塘中，爱在小小的荷叶尖上，爱在蜻蜓的驻足处。

因为有爱，杨万里的《小池》就不小了，它比许多诗人写的没有爱的大世界更大。而我，又想到杨万里的另一名句：

接天莲叶无穷碧，映日荷花别样红。

爱，多大的世界，能把天空遮住，能让荷花和太阳争红。

杨万里说："闭门觅句非诗法，只是征行自有诗。"

意思是说，关起门来寻觅诗句不是作诗的方法，只有走出门，到自然里去，才会发现到处都是诗。

杨万里从此和三十六岁前的自己一刀两断，他找到了如何表达自己的方式。

他的脑子里不再回荡李白、杜甫、黄庭坚、苏轼等任何人的诗句，那些他一再模仿的诗人都远离了，而自然来到了他的面前。用眼睛去看，用耳朵去听，用心灵去感受，并且带着自己的全部情感和爱意。

朱淑真

我就要朝朝暮暮，不要天长地久

中国古代的女子，有几个敢勇敢地追求爱情？很少。按礼教习俗，女人一生的主题早已注定：相夫教子，侍奉公婆，生儿育女。至于爱情，那是一件奢侈品。

凡事总有例外。有一个小女子就很勇敢，不仅追求爱情的自由，而且写成诗词，惊愕了道学家们。这个人，就是宋朝的朱淑真。

朱淑真很了不起。有人说，她在宋词界的地位，好比李清照第二。但她的运气实在没有李清照好。

和李清照一样，朱淑真也出生于官宦家庭，据说她相貌很美，年少之时便展现出过人的才华，诗词音律俱佳，且书画造诣很高。李清照的父母对李清照非常疼爱，欣赏。但朱淑真并不是这样，她的父母并不理解她，而她留下的作品，十之八九都被父母焚毁了。

相比较而言，李清照是幸运的。尽管她的命运也很坎坷，晚景尤为凄凉，但她年少时就词名远播，有过幸福的婚姻、温馨的时光，她与赵明诚曾被时人称为神仙眷侣——不仅门当户对，而且志同道合，这是很少见，也很难得的。

而朱淑真呢？在少女时代，朱淑真就慎重而热切地准备着。

初合双鬟学画眉，未知心事属阿谁。
待将满抱中秋月，分付萧郎万首诗。
——《秋日偶成》

朱淑真爱美，向往美好，向往一份契合自己灵魂的爱情。她想找一个读书人，有匹配的才华，可以与自己诗词唱和。她要把如中秋圆月一样美好的情感，写在给情郎的万首诗中。

她在人群中久久寻觅，终于找到了意中人。

门前春水碧如天，座上诗人逸似仙。
白璧一双无玷缺，吹箫归去又无缘。
——《春日杂书》

在朱淑真的眼中，这是一位神仙伴侣，但不知何种原因，却是今生无缘。

朱淑真对爱情是执着的。后来她又寻觅到一位心上人，并和他漫游西湖。

恼烟撩露，留我须臾住。携手藕花湖上路，一霎黄梅细雨。

娇痴不怕人猜，和衣睡倒人怀。最是分携时候，归来懒傍妆台。

——《清平乐 · 夏日游湖》

当人沉浸在热恋中时，都有一种不管不顾的劲头。不仅携手同游，还在大庭广众之下，和衣睡倒在情人的怀里。朱淑真的行为真是让无数的儒家卫道士们惊愕了。男女授受不亲，身为女子，却这么主动，真是有辱闺门。朱淑真并不理会，她不仅这么做，还写出来，“流毒天下”。“娇痴不怕人猜”，我们佩服朱淑真的勇气，也深深地为她捏一把汗。

果然，道学家纷纷对朱淑真口诛笔伐，说她“荡妇淫娃”“有失妇德”。有人甚至把她的那句“和衣睡倒人怀”改成“随群暂遣愁怀”，试图掩盖一千年前的宋朝，一个女子有过一次因恋爱而带来的甜蜜体验。

朱淑真和她的情人在一起了吗？没有。也许是情郎走了，投奔前程去了；也许他娶妻生子了；也有可能他们的家长不同意。总之，朱淑真遵从家里的安排，嫁给了另一个男人。

婚后，朱淑真也有过短暂的幸福生活。一次，丈夫在外地做官，两人很久也不能见面。朱淑真寄给丈夫一封信，纸上没有字迹，只画了许多圆圈。

丈夫不解，后来找到另一张信纸，上面密密麻麻写的蝇头小楷，都是朱淑真的情话：

> 相思欲寄无从寄，画个圈儿替。话在圈儿外，心在圈儿里。单圈儿是我，双圈儿是你。你心中有我，我心中有你。月缺了会圆，月圆了会缺。整圆儿是团圆，半圈儿是别离。我密密加圈，你须密密知我意。还有数不尽的相思情，我一路圈儿圈到底。
>
> ——《圈儿词》

但这样的牵挂和爱并没有持续多久。时间一久，两个人的问题就暴露出来了。婚姻有时候真不是靠某一方努力经营就可以美满的。而朱淑真最不满丈夫的，不是他的职位和权势不够大，而是彼此的心灵无法沟通。

她在《愁怀》中写道：

鸥鹭鸳鸯作一池，须知羽翼不相宜。

东君不与花为主，何似休生连理枝。

如果朱淑真能委曲求“全”，是可以锦衣玉食安稳度过一生的。但禀赋奇高、被诗意之美洗涤过心灵的人，如何再肯回到泥淖，在庸碌的生活中度过一生？最终，朱淑真与丈夫分道扬镳。

朱淑真在《减字木兰花》一词中，写了自己凄凉无告的情状：

独行独坐，独唱独酬还独卧。伫立伤神，无奈轻寒著摸人。

此情谁见，泪洗残妆无一半。愁病相仍，剔尽寒灯梦不成。

大约四十五岁，朱淑真去世。她一直不能被父母和家族所容。死后，“不能葬骨于地下，如青冢之可吊。”有人猜测，她可能是投水自尽，死于湖中，尸骨都不能安葬。

这是一个不幸的女子吗？我倒愿意相信，朱淑真宁守凄苦，不肯屈服于命运，在挣扎反抗中保持了自我，比我们想象的幸福。她和丈夫离异后，曾写了一首诗表达心志：

土花能白又能红，晚节犹能爱此工。
宁可抱香枝上老，不随黄叶舞秋风。
——《黄花》

她有她的坚持。当爱情来临时，她要全力去抓住它，哪怕无比短暂；当爱情不再时，她义无反顾地离开，去寻找新的爱情。

宁可抱香枝上老，不随黄叶舞秋风。

在古代，女子的出路很少，爱情和美满的婚姻或许是她们解放天性、实现自我的唯一出路。但以当时的社会状况，这条出路也是充满风险和不确定性，更像是碰运气和赌博。朱淑真在这个陷阱中，最终以生命为代价，成全了自己生命中的诗意。

辛弃疾

我心有猛虎，却细嗅蔷薇

“一个人要走过多少路，才能称为真正的男子汉？一只白鸽要飞越过多少片大海，才能在沙滩上得到安眠？”

辛弃疾就是一个真正的男子汉，他用一生证明了这一点。

英国诗人西格里夫·萨松说：“我心有猛虎，却细嗅蔷薇。”辛弃疾就是这样的一个人。

辛弃疾写：

醉里挑灯看剑，梦回吹角连营。八百里分麾下炙，五十弦翻塞外声，沙场秋点兵。

马作的卢飞快，弓如霹雳弦惊。了却君王天下事，赢得生前身后名。可怜白发生！

——《破阵子·为陈同甫赋壮词以寄之》

这不是一个纤弱文人的想象，他是真有保家卫国的实力。他也确曾上阵杀敌，过着刀口舔血的生活，他的军事将才也早已在一次又一次的凯旋中得到了体现。

他年少成名。二十三岁，他率领一支仅仅五十多人的队伍，深入有五万之众的敌营活捉了叛徒；又千里骑行，亲自押解至临安，交给南宋朝廷处决，并率万人南下归宋。

这样的奇袭，这样的壮举，好像只有在金庸先生的武侠小说里才看过。而辛弃疾也因此震动朝野，名声传遍大江南北。

辛弃疾也写：

……

天下英雄谁敌手？曹刘。生子当如孙仲谋。

——《南乡子·登京口北固亭有怀》

曹刘是谁？曹操和刘备。孙仲谋又是谁？是曾北上攻打曹操的孙权。辛弃疾是只老虎，他还希望后辈也能如老虎一样。

读“辛弃疾”这名字，让人不禁想起西汉的霍去病。一个

"弃疾"，一个"去病"，都不是病恹恹的狗熊，而是下山的少年猛虎。

史料记载，辛弃疾"肤硕体胖，目光有棱，红颊青眼，壮健如虎"。辛弃疾的好友陈亮亦形容他："眼光有棱，足以照映一世之豪；背胛有负，足以荷载四国之重。"所谓背胛有负，就是说他背部肌肉发达。活生生一个虎背熊腰、目光如炬的英雄。

然而，这样的英雄，这样的男人，也有一颗柔软的心。不信，读读这一首：

> 宝钗分，桃叶渡，烟柳暗南浦。怕上层楼，十日九风雨。断肠片片飞红，都无人管，更谁劝啼莺声住？
>
> 鬓边觑，试把花卜归期，才簪又重数。罗帐灯昏，哽咽梦中语：是他春带愁来，春归何处？却不解带将愁去。
>
> ——《祝英台近·晚春》

看看，我们的英雄竟然也会流泪。昏暗的灯光下，在梦中哽咽自语。又愁，又怕，连楼都不敢上，连鸟鸣都觉得惊心。要放在今天来说，辛弃疾也太脆弱了吧。可这就是真实的辛弃疾。

只因心中的孤愤压得太久，辛弃疾总忍不住哭。

他的家乡山东济南，早在他出生前就已沦陷于金人之手。辛弃疾出生在遗民中，在沦陷区长大。金人的铁蹄，移民心酸的生活，对少年的辛弃疾来说都是熟悉的。

因为父亲早亡，辛弃疾幼年就随祖父读书，祖父常带他“登高望远，指画山河”，这让他从小就树立了恢复中原、报国雪耻的远大理想。

而这个理想一直燃烧着辛弃疾，直到他生命的最后一刻。

不幸的是，南宋朝廷胆小怯懦的主和心态，辜负了辛弃疾。

作为南宋臣民前后共四十六年的他，有近二十年的时间被闲置。而在断断续续被使用的二十多年间，他又遭到多达三十七次的频繁调动。他不被信任，难得重用。

公元 1181 年冬，四十二岁的辛弃疾因受弹劾而被免职。他归居上饶铅山。此后除了有两年出任过福建提点刑狱和福建安抚使外，大部分时间都在乡间闲居。壮士未捷身先困，隐居田园的辛弃疾，不甘心服老，却不得不老去。

辛弃疾还是那只猛虎，但已经是醉倒的猛虎了。他写：

……

昨夜松边醉倒，问松我醉何如？只疑松动要来扶，以手推松曰去。

——《西江月·遣兴》

他醉得已经连松树和人都分不清了。

他写：

> 茅檐低小，溪上青青草。醉里吴音相媚好，白发谁家翁媪。
>
> 大儿锄豆溪东，中儿正织鸡笼。最喜小儿无赖，溪头卧剥莲蓬。
>
> ——《清平乐·村居》

辛弃疾写最普通的江南农村景象，竟然也是这么活灵活现，充满情趣。

辛弃疾终于决定戒酒了。他把酒杯拿到跟前，郑重其事地与它谈话，埋怨自己的身体都被它毁了。酒杯却为自己辩护说：“魏晋时期的狂士刘伶是古今最通达的人，他说醉死何妨，就地埋掉。”

这真是幽默风趣的辛弃疾。明明自己不想戒酒，却说是酒杯的过错。他吓唬酒杯，再不赶快离开，就要将它摔碎。酒杯惶恐地连连说“恕罪”，走的时候还不忘记说：“你赶我走，我就离去；招我来，我也一定再回。”

这哪是酒杯的心里话，明明是辛弃疾的心里话。

一只猛虎也有软肋，也有弱点，辛弃疾也是这样。他总说要戒酒，总不成功。这一戒一破，也是辛弃疾的真性情。

猛虎也有受伤的时候，猛虎也不免被春天的花朵吸引，猛虎也会醉倒，但猛虎总会醒来。

公元1207年，朝廷决定再次起用被弹劾的辛弃疾，委任为枢密都承旨，令他火速到临安赴任。

但诏令到铅山时，辛弃疾已病重卧床不起，只得上奏请辞。

开禧三年（1207年）秋天，农历九月初十，辛弃疾带着忧愤的心情和不能实现的爱国理想离开了人世，享年六十八岁。

他死不瞑目。据说，在临终时，他向着北方大喊：“杀贼！杀贼！”

这是一只孤独而苍凉的老虎最后的呼喊。

每个人都有自己的朋友圈，但真正的朋友有几个呢？而且，多少刚开始如胶似漆的朋友，到最后不也形同陌路，老死不相往来。

看看辛弃疾和他的朋友，我觉得这样的人生值得。

比如，他和朱熹。辛弃疾被罢官，朱熹为他愤愤不平，并说：“辛幼安是人才，岂有不用之理！”而辛弃疾再度出山，有机会为国效力了，最高兴的还是朱熹。他马上写诗过去祝贺。

辛弃疾也喜欢和朱熹来往，曾一起游历武夷山。辛弃疾曾写诗回忆了这段难忘的旅行，并称赞朱熹：“山中有客帝王师。”

朱熹病逝时，他的学说被朝廷宣布为“伪学”。

在当权者韩侂胄一派的压力下，许多朱熹的门人弟子不敢前往吊唁。独有辛弃疾，不畏禁令，不怕得罪上司，孤身前往福建建阳哭祭挚友，并留下一句著名的悼词：“所不朽者，垂万世名；孰谓公死？凛凛犹生！”

朱熹和辛弃疾两人的相知，来自对彼此人格的敬重。

陆游是南宋的大诗人，他也和辛弃疾有交集。

陆游晚年隐居在浙江山阴农村，过着清贫的生活。辛弃疾不同，他仕途虽然坎坷，但经济上还算比较宽裕。四十岁时，他买下江西上饶县外的一片土地，起了个庄园，叫“稼轩”。辛弃疾知道了陆游的状况，要为他修建住所，但陆游婉拒了。

虽然在金钱上没有往来，但陆游和辛弃疾在生活和诗文上却多有往还，互道期许。

陆游和辛弃疾都经历过国家的灭亡，都是北宋的“遗腹子”，也都有逃难的经历。“遗民泪尽胡尘里，南望王师又一年。”收复中原，是陆游和辛弃疾毕生的志愿。他们什么都可以放弃，但心中的理想不能放弃。

而现实是惨痛的。陆游去世前，念着：“死去原知万事空，但悲不见九州同。”而辛弃疾去世前，却喊着：“杀贼！杀贼！”他们都死不瞑目。

除了朱熹、陆游，辛弃疾和陈亮的友谊，也值得大书特书。

陈亮一生坎坷，没有做过官，一辈子就是一介布衣，但辛弃疾却看重他。

陈亮也是一个奇人。当南宋朝廷与金人媾和，别人都在庆祝金人的“仁慈”，唯独陈亮发出“不和谐音”。他以布衣身份，连续三次上书，慷慨激昂地批判了朝廷苟安东南一隅的国策和儒生空谈误国的不良风气，语惊四座，也感动了孝宗皇帝，打算录用提拔他。

陈亮却不为所动，拒绝了。他的理由是“亮闻古人之于文也，犹其为仕也，将以行其道也，文将以载其道也，道不在于我，则虽仕何为”。

这样的怪人，在辛弃疾的眼里，却是抵足而眠的同道、至交。后来，陈亮死，辛弃疾作《祭陈同甫文》纪念他。

辛弃疾曾写过一首名为《贺新郎·甚矣吾衰矣》的词，其中几句是：

> 不恨古人吾不见，恨古人不见吾狂耳。知我者，二三子。

辛弃疾活着的时候知音寥寥，而等到朋友一个个离他而去，谁还能懂他呢？把吴钩看了，栏干拍遍，谁又能体会一个亡国浪子的悲愤之心？

姜夔

在你身上，我找到了江湖的气息

古代中国，一个读书人最好的出路是通过科举考试走上仕途。因为这样，不仅可以实现修身、齐家、治国、平天下的理想抱负，也可以获得稳固的经济来源，解决个人和家庭生计的问题。

可偏偏有一些人，不愿或不能走科举和做官的道路。他们的舞台，既不在庙堂之上，也不在山林之中，他们最终发现：江湖是唯一的归宿。

这里要提到的姜夔，就是这样的人。没有做官，布衣终老，一辈子在江湖上漂泊。

姜夔也曾在科举之路努力过。他父亲是知县。姜夔很小时，父亲就死在了任上，姐姐把他养大。成年后，他四次参加科举考试，都名落孙山。

他想另辟蹊径。

除了诗词、散文和书法，姜夔在音乐上也很有才华。

唐末以来，战乱频繁，王朝更替，宫廷雅乐大受挫伤。大宋朝廷数次召集人员整理宫廷雅乐，但结果总不能使人满意。于是，姜夔以一己之力，向朝廷献上《大乐议》《琴瑟考古图》。但朝廷并没有重视，更没有提拔他。后来，姜夔又再次献上《圣宋铙歌鼓吹曲》。这次，他的心血没有白费。朝廷下诏，允许他破格到礼部参加进士考试，但姜夔仍旧落选。从此，他绝了仕途之念。

不能做官，无法实现生平理想还是其次。首先，如何解决生计问题呢？

像姜夔这样的诗人，大概是中国文学史上第一批直面生存问题的文人，被称为“江湖诗人”。他们或抱团取暖，或单打独斗。他们刊印自己的诗集，等待读者来购买，或者投奔一些喜好名士的官员、地主、权贵或家境优渥的朋友亲属，寻求他们的帮助。

但这种仰人鼻息的生活很不好过。想站着把钱挣了，但又需要取得被服务对象的欢心。江湖诗人内心的酸楚，很难为外人道。

我们现代人所想象的江湖，快意恩仇，充满了浪漫和诗意。但真实的江湖却每天都要为衣食奔波，艰辛劳累。江湖有传说吗？有让人一听就好像打了鸡血的故事吗？也有，姜夔碰到过。

湖州名士萧德藻由于赏识姜夔的才华，把自己的侄女许配给他。后来，退隐石湖的范成大又把自己的歌妓小红赠给姜夔。

岁末除夕之夜，姜夔带着小红，乘着船，返回浙江苕溪的家中。茫茫雪夜，湖面薄雾，身边有佳人陪伴，这个年终于可以过得稍微喜庆些了。

姜夔作了一首《过垂虹》，以抒心志：

> 自作新词韵最娇，小红低唱我吹箫。
> 曲终过尽松陵路，回首烟波十四桥。

这是一首无比欢快的小令，作为音乐家的姜夔都唱起了小曲。然而，甜蜜的梦容易醒。回到贫寒的家中，姜夔就要面对现实了。作为一个穷困潦倒的诗人，自己尚且难以养活，如何养得起作为“消闲艺术品”的歌妓？本来是要“红袖添香”的小红在屋子里冻得瑟瑟发抖，姜夔的心如何能安？

从此之后，小红再也没有出现在姜夔的词中。他也许是把小红送回去了，毕竟跟着范成大，比跟着自己能少受些苦；也有可能，姜夔让小红自己寻出路去了，他不想拖累她。

因穷困而分道扬镳的，还有一位在合肥遇见的女孩。她和二十三岁的姜夔有过真诚的誓约，但最后的结局还是分手。

因为没有稳定的职业，只能到处谋生，哪里有机会就去哪里。姜夔离开了合肥。

姜夔总是时时想起她。

肥水东流无尽期，当初不合种相思。梦中未比丹青见，暗里忽惊山鸟啼。

春未绿，鬓先丝，人间别久不成悲。谁教岁岁红莲夜，两处沉吟各自知。

——《鹧鸪天·元夕有所梦》

写这首词时，距离自己和合肥女子的结识，已经过去二十多年了，但姜夔仍不能忘，梦里都是她。

只是分离得久，连悲痛似乎也麻木了，“人间别久不成悲”。但真的忘了吗？其实这只不过是一个饱经磨难的中年人的借口。

姜夔的为人，就像他的词一样，清冷、压抑。他的情感，一辈子的热爱，像深藏在地表下的岩浆，滚烫，流淌，煎熬着自己，外表却不动声色。

他想念合肥的女孩，沉吟往返，不忍离去，但最后也只是在词里说：“念唯有、夜来皓月，照伊自睡。”

贫贱，像一座大山横亘在他与爱情之间。

姜夔很有才华，其实拉拉关系走走门路，从另一条小径进入仕途，完全是可以的。但姜夔不愿意。

著名诗人杨万里读了姜夔的诗词，对他刮目相看；南宋名臣范成大也非常喜欢他和他的词，把他比喻成魏晋时期那些高雅脱俗的人物；姜夔还在杭州结识了张鉴，彼此情同骨肉。张鉴是名门之后，富甲一方，他对姜夔的才华也很欣赏，甚至想为他捐钱买官，但这美意也被清高的姜夔婉言谢绝了。

于是，为了养一身傲骨，姜夔只能继续穷下去。

姜夔活得很寂寞，清苦。他很喜欢梅花，流传下来的光是专门咏梅的词就达十七首。“但怪得、竹外疏花，香冷入瑶席。”他的诗词，多次提到雪、月和水。那是一个清洁的世界，俗人和俗世是进不去的。他写道：“二十四桥仍在，波心荡，冷月无声。”“燕雁无心，太湖西畔随云去。数峰清苦，商略黄昏雨。”

对自己的一生，姜夔有过怀疑吗？应该是有的，要不怎么解释他在词里一再重复的“文章信美知何用？漫赢得、天涯羁旅”“谁念漂零久？漫赢得、幽怀难写”。但姜夔会有愤怒吗？没有，他“怨而不怒”，姜夔在他的词里，守住了一个传统文人中正平和的中庸之道。而在生活中，姜夔也没有太过张扬外露的举动，他静静地站立着，如一树梅花，呈现出一种特别的清刚本色。

嘉定十四年（公元1221年），姜夔去世。死后，靠朋友捐资，才勉强把他葬于杭州钱塘门外的西马塍。从此，一代词人，江湖不再流浪。

蒋捷

有没有一场雨，长过你的一生

作家马尔克斯在《百年孤独》里有句话令人印象深刻：“雨，下了四年十一个月零两天。”有没有一场雨，比马尔克斯的更长？我想起南宋词人蒋捷笔下的雨：从少年下到老年，至死方休。

少年听雨歌楼上，红烛昏罗帐。壮年听雨客舟中，江阔云低、断雁叫西风。

而今听雨僧庐下，鬓已星星也。悲欢离合总无情，一任阶前、点滴到天明。

——《虞美人·听雨》

这是一首很有名的词。很多人引用它，却不知道作者是谁。

蒋捷的高明在于，他没有用抽象的词语来说明什么深奥的道理，而是从人的一生中，截取了三幅极具象征性的画面，于是一个人生命的成长和改变，就在读者的脑海里栩栩如生了。

蒋捷还有一个高明的地方：他用一样东西，将整首词贯穿到底，那就是“雨”。没有比雨更合适、更富想象力、更耐人寻味的元素了。

在文学家的眼中，天气绝不只是天气，雨也不只是雨。雨象征着坎坷、磨难，也象征着净化和生机。雨水可以使万物萌生，万艳竞放；也可以让人备感萧索与孤寂。如诗人海子所说：雨是一生过错，雨是悲欢离合。

词的开头，“少年听雨歌楼上”，将昔时的青春和欢乐一笔就勾勒出来。红烛昏暗，也象征着昏昏然、不知愁滋味的少年时光。

然后是壮年，担负起家国责任，过着东奔西走、漂泊四方的生活。他“壮年听雨客舟中”“江阔云低”，场面多么宏大、壮阔，可是“断雁叫西风”，快乐和痛苦，奋斗和磨难，自由和孤独，从来都是一起来到的。

最后，人老了，独自在僧庐下听夜雨。从前那个欢乐的少年郎，那个想要有所作为的壮年人，都远去了。白发的老者在想些什么？他遍尝了悲欢离合，如今万事皆空，没有比这更残酷的事情了。

蒋捷的这场雨，是青春、热血、坎坷、死亡与荒芜的一场雨。这场雨属于每个人，也属于词人自己。

这雨里，有亡宋之痛。蒋捷是南宋末年的进士。中进士没几年，南宋就灭亡了。他的后半生都在逃亡和躲藏中度过。

他逃亡之前的很多词，都写得很美。

> 人影窗纱，是谁来折花？折则从他折去，知折去、向谁家？
>
> 檐牙，枝最佳。折时高折些。说与折花人道：须插向、鬓边斜。
>
> ——《霜天晓角》

词中的主人公性格温和，善良爱美，她没有阻止别人折花，只在房中轻轻告诉那人，哪朵花最佳，“摘下来，插在鬓角更好看”。

蒋捷也曾远赴他乡，考取功名。每一次离家远行，思念之情都在心头萦绕。

> 一片春愁待酒浇。江上舟摇，楼上帘招。秋娘渡与泰娘桥，风又飘飘，雨又萧萧。
>
> 何日归家洗客袍？银字笙调，心字香烧。流光容

易把人抛，红了樱桃，绿了芭蕉。

——《一剪梅·舟过吴江》

春天，总是让人想起爱人。爱人不在身边，“一片春愁待酒浇”。但酒也不能解思念之苦，客舟中的蒋捷只想快快返回家中。

他催促着旅途的小舟，一路经过岸上随风起舞的酒帘，有着美丽名字的渡口和小桥。飘飘的风和潇潇的雨，凄清、悲伤的气氛更强烈了。

“何日归家洗客袍？”他问自己。但他好像马上就回到了家中，和妻子坐在一起吹笙，点燃熏炉里心字形的香，家庭的生活原本是这么美好、幸福啊。

可是最后一句，就像一个做梦的人突然被摇醒：流光容易把人抛。红了樱桃，绿了芭蕉。

“原来是一场梦”，游子还是游子，家还在远方。

自此，红樱桃，绿芭蕉，这两样被蒋捷采撷到词中的事物，便成了词中名画。

我们在匆匆而过的岁月里，错过了多少美妙的时刻、美好的风景呢？每一个读到这首词的人，是不是也暗暗下定决心，以后一定要常与家人、爱人相伴呢？

但是蒋捷，已经不能够了。他被另一场雨淋得猝不及防。

他年纪轻轻，因为此词名声大振，世人称他为“樱桃进士”。

一年后，元朝的大军长驱直入，铁蹄之下，词人的家乡宜兴和常州、苏州一带沦陷了。次年春，被马可·波罗誉为“世界上最美丽华贵之天城”的南宋都城临安，也陷落了。

南宋幼帝、皇太后，以及载有南宋皇室成员、外戚、大臣、太学生等数千人的船队在虎视眈眈的元军监视下，被押往遥远的北方。

在兵荒马乱中，蒋捷和家人失去了联系。国破家亡，而蒋捷真正沉痛的，是那个古老、醇美、知书识礼的古中国再也回不去了。

作为游子的蒋捷，记录了这段真实的流浪生活：

深阁帘垂绣，记家人、软语灯边，笑涡红透。万叠城头哀怨角，吹落霜花满袖。影厮伴、东奔西走。望断乡关知何处，羡寒鸦、到著黄昏后。一点点，归杨柳。

相看只有山如旧。叹浮云、本是无心，也成苍狗。明日枯荷包冷饭，又过前头小阜。趁未发、且尝村酒。醉探枵囊毛锥在，问邻翁、要写《牛经》否？翁不应，但摇手。

——《贺新郎·兵后寓吴》

蒋捷又一次想起了家人。这次想念，不是曾经为求取功名的暂别，而是因眼下战乱的背井离乡所致。他应该是回过宜兴的家，但却没有找到爱人。如今，他只能咀嚼记忆，强撑着活下去。

寒鸦到了黄昏，还可以回到栖息的柳树上去。但词人蒋捷怎么办？江山易主，白云苍狗，亡国丧家之痛没有办法医治。自己的眼下，更被具体的生计困扰。去哪儿谋生？下一顿饭还没有着落。

他饮罢村酒，在微微的醉意中去口袋里摸索。要找酒钱吗？还是想起爱人的信物？他摸到了一支笔，这是他唯一的依靠。他怀着一丝希望问身边的老翁："您需要抄写《牛经》吗？"老翁只是摇手，示意不要。

我们也无法评判老翁是否冷漠，也许，他自己也衣食无着，连牛都没了，要养牛的书干什么。

贫穷、饥饿，像另一场雨，落在蒋捷的头上，也落在无数因战乱而流离失所的人头上。

随着元人统治地位的日渐巩固，为了笼络人心，元朝开始选用南宋士子，只要选择合作，优秀的人才便可出仕为官。

蒋捷仍然坚守自己的信念，他断绝了与朝廷的关系，也断绝了与其他文人的交往，隐居终老。

对于蒋捷，历史没有更多的记载。值得庆幸的是，他留下的一点诗词，还可以让我们在今天得窥一个南宋遗民的精神世界。

听听那冷雨吧。在蒋捷的词里，有一颗湿漉漉的灵魂在呐喊，在哭泣。

一个孤家寡人

李煜

如果一个艺术家当了皇帝

公元978年8月13日，七夕之夜，星汉灿烂，牛郎织女在天上相会，人间有情人也终得团圆。但四十一岁的南唐后主李煜，却在北宋都城汴京的一间小屋内口吐白沫，静静地死去了。

这天是他的生日，他喝下宋太宗赵光义赐给的生日酒。那是一种叫作“牵机”的毒酒，喝下后，浑身抽搐，最后身如弯弓，头足相抵而死，状若牵引织机织布的织女，所以被叫作“牵机”。

关于李煜的死，有很多说法。最被普遍接受的一种是，他在这一天，让歌姬奏唱自己刚刚填词的一首《虞美人》，词传到了赵光义的耳朵里，他被文字里透露出的深情震撼，于是恼羞成怒。

春花秋月何时了？往事知多少。小楼昨夜又东风，故国不堪回首月明中。

雕栏玉砌应犹在，只是朱颜改。问君能有几多愁？恰似一江春水向东流。

自从公元975年，南唐后主李煜被抓到汴京后，他就一直是一个生活在回忆里的人。李煜回忆故国、爱人，可一切都没有了，他只好绝望地以笔为旗，吐出心声。

春花秋月，多么美好又永恒的世界，李煜却是悲哀的。昨夜，小楼东风又起，这是年年岁岁如期而至的春风。但故国已不堪回首了。故都华丽的宫宇应该还在吧，只是以往那些美丽的容颜与风物不再了。

三次情感的跌宕，永恒在和无常拔河。即便是一个未曾经历国破家亡的普通人，也能被深深地击中。我们每个人的一生不也或多或少会被无常的命运拨弄吗？

高潮出现在结尾："问君能有几多愁？恰似一江春水向东流。"

那思国之愁，就这么始料未及，汹涌而至，绵长而无休止，不可阻挡。相信任何的铁石心肠在这首词面前，都会溃不成军。

赵光义也一定是感受到了这种力量，他的王朝正受到一首词的挑战。要是南唐的遗民都传唱这样的诗词，那大宋王朝会不会失去人心?

于是，李煜走到了生命的尽头。

李煜还是太幼稚。他不知道作为亡国的皇帝，应该从此闭口不提过去；或者像三国时期蜀汉皇帝刘禅一样，乐不思蜀，忘记过去。

中国的绝大多数皇帝，在尔虞我诈的权力斗争中练就了一身的帝王术，冷酷，难以捉摸。即使一个普通人，在纷繁的社会生活中，也不免每天戴着各种面具去见人。但李煜，始终是一个有着赤子之心的人。

李煜也有自知之明，他从没想过要当皇帝。何况，他是李璟的第六个儿子，从立嫡立长的皇位继承规矩来说，怎么也轮不到他。

李煜喜欢诗词歌赋，书法绘画，他只想做一个远离政治、谈情说爱、超脱于世俗纷争的局外人。而他的几个皇兄也都认为他就是这样的人，不把他当作自己的威胁。

但事情就这样出人意料。李璟的第二子到第五子都死得早。李煜的大哥李弘冀，为了扫清通向帝王之位的障碍，把亲叔叔都毒死了。然而，他自己却也莫名其妙地死了。历史就这样把李煜推上了前台。

李煜登上帝位，马上写信给宋太祖赵匡胤，解释自己无意做南唐的皇帝，实在是因为父亲和兄长的庇护和抚育才成为皇帝的。他会更加老老实实，继续臣服北宋，希望宋太祖放心。

李煜这么说，他以为别人就会相信了。于是继续去写他的词，念他的佛，读他的书，继续和宫女、艺术缠绵。

他写道：

花明月暗笼轻雾，今宵好向郎边去。刬袜步香阶，手提金缕鞋。

画堂南畔见，一向偎人颤。奴为出来难，教君恣意怜。

——《菩萨蛮》

在一个美丽而神秘的夜晚，恋爱的女子蹑手蹑脚、神情紧张地向约会地走去。为了不让人知道，她脱下鞋子提在手中。画堂南畔，出现了她的情郎。她急忙跑过去，扑向爱人的怀里。

恋爱中小儿女的情景心思，在李煜的笔下呈现得极为细腻幽微。

对于宫中的歌舞宴乐，李煜也写得颇有格调。

晚妆初了明肌雪，春殿嫔娥鱼贯列。笙箫吹断水云间，重按霓裳歌遍彻。

临风谁更飘香屑，醉拍阑干情味切。归时休放烛花红，待踏马蹄清夜月。

——《玉楼春》

晚妆后明艳照人的宫娥列队而立。乐工们尽己所能，将美妙的音乐吹到极致，乐声飘荡到河水里，云朵里。宫女用精美的香器焚烧起名贵的香屑，风把香气传得更远。手拍栏杆，喝醉的李煜完全沉溺在极乐的氛围里。

酒宴散去，李煜仍然兴致盎然。为了让马踏着满路的月色归去，所以不要点燃美丽的红烛。听着马蹄声远去，让月亮的清辉洒满大地。

李煜真是最懂得精致而诗意生活的人。

这样的人，却被命运一脚踢进了污泥炼狱。

公元 975 年，北宋的军队踏破了金陵的城墙。李煜才猛醒过来。南唐和北宋的和平，只是自己的一厢情愿罢了。他不得不脱去上衣，带领手下四十余名官员肉袒出城投降。他被抓至汴京，因为一再违背宋太祖的命令，他被封为“违命侯”。这是又一种羞辱人的方式。

在被俘的三年里，李煜从一个帝王成为一个阶下囚，没有权力，没有尊严，没有自由。他悲哀地在现实中打滚、呼号，梦想着江南和故国，而他最心爱的妻子小周后，也被宋太宗赵光义百般凌辱。

命运把李煜所珍视的一切都毁灭了，他抱紧了被毁灭的美好，悲哀地拿起了笔：

> 四十年来家国，三千里地山河。凤阁龙楼连霄汉，玉树琼枝作烟萝，几曾识干戈？
>
> 一旦归为臣虏，沈腰潘鬓消磨。最是仓皇辞庙日，教坊犹奏别离歌，垂泪对宫娥。
>
> ——《破阵子》

李煜已经不是以前的李煜了，他的视野一下子变得开阔博大，感慨遂深。读李煜的后期作品，我们不再觉得李煜只是在讲述自己，而是说出了人类普遍的情感。

> 帘外雨潺潺，春意阑珊。罗衾不耐五更寒。梦里不知身是客，一晌贪欢。
>
> 独自莫凭栏，无限江山，别时容易见时难。流水落花春去也，天上人间。
>
> ——《浪淘沙》

在中国历史上，除了后主李煜，还有一个艺术家皇帝，就是宋徽宗赵佶。

他的书法造诣颇高，自成一派，自创“瘦金体”，与苏轼、黄庭坚、米芾、蔡襄“宋四大家”分庭抗礼。

他还精于绘画。直到现在，他的作品还是收藏家和艺术品拍卖机构最为珍视的艺术珍品。

他在位时成立皇家书画院，一些杰出的青年画家，甚至可着六品以上官员才可穿戴的绯紫和佩鱼。是他，将画家的地位提到中国历史上的最高位置。

然而，他艺术成就杰出，下场却悲惨。

公元 1127 年，金兵南下，攻取北宋都城汴京。宋徽宗、宋钦宗，以及皇室成员、百官等被金兵俘虏北上，北宋灭亡。宋徽宗在金国被囚禁了九年，最终不堪忍受折磨，死于异国他乡。

于是，有人又记起了当初立端王赵佶为帝时，大臣章敦竭力反对的一句话——“端王轻佻，不可君天下。”

民间有传说，有一天，宋神宗走到国家藏书馆，偶然瞥见南唐后主李煜的画像，惊讶于李煜居然是如此温文儒雅的男人。同样是这一天，后宫宫妃临产，梦到李后主前来拜谒，于是就生了端王，即后来的宋徽宗赵佶。

很多老百姓认为，这是后主李煜死不瞑目，投胎来断送大宋江山。

传说是传说，不必附会。只是南唐后主李煜与宋徽宗赵佶，他们确实有很多共同之处，容易让人产生联想。如果两人有机会穿越相见，不知他们会说些什么？

我有一瓢酒
可以慰风尘

诗词描写字帖

時代文藝出版社

庞中华陪你写诗词

魏晋南北朝

龟虽寿

曹操

神龟虽寿，犹有竟时；
腾蛇乘雾，终为土灰。
老骥伏枥，志在千里；
烈士暮年，壮心不已。
盈缩之期，不但在天；
养怡之福，可得永年。
幸甚至哉，歌以咏志。

咏怀

阮籍

一日复一夕，一夕复一朝。

颜色改平常，精神自损消。

胸中怀汤火，变化故相招。

万事无穷极，知谋苦不饶。

但恐须臾间，魂气随风飘。

终身履薄冰，谁知我心焦。

赠秀才从军

其十四

嵇康

息徒兰圃，秣马华山。

流磻平皋，垂纶长川。

目送归鸿，手挥五弦。

俯仰自得，游心太玄。

嘉彼钓叟，得鱼忘筌。

郢人逝矣，谁与尽言？

饮酒

其五

陶渊明

结庐在人境，而无车马喧。

问君何能尔？心远地自偏。

采菊东篱下，悠然见南山。

山气日夕佳，飞鸟相与还。

此中有真意，欲辨已忘言。

归园田居 其三

陶渊明

种豆南山下，草盛豆苗稀。

晨兴理荒秽，带月荷锄归。

道狭草木长，夕露沾我衣。

衣沾不足惜，但使愿无违。

拟行路难 其四

鲍照

泻水置平地，
各自东西南北流。
人生亦有命，
安能行叹复坐愁？
酌酒以自宽，
举杯断绝歌路难。
心非木石岂无感？
吞声踯躅不敢言。

怀故人

谢朓

芳洲有杜若，可以赠佳期。

望望忽超远，何由见所思？

我行未千里，山川已间之。

离居方岁月，故人不在兹。

清风动帘夜，孤月照窗时。

安得同携手，酌酒赋新诗。

唐朝

于易水送别

骆宾王

此地别燕丹，

壮士发冲冠。

昔时人已没，

今日水犹寒。

咏柳

贺知章

碧玉妆成一树高，

万条垂下绿丝绦。

不知细叶谁裁出，

二月春风似剪刀。

自洛之越

孟浩然

遑遑三十载，书剑两无成。

山水寻吴越，风尘厌洛京。

扁舟泛湖海，长揖谢公卿。

且乐杯中物，谁论世上名。

赠孟浩然

李白

吾爱孟夫子，风流天下闻。

红颜弃轩冕，白首卧松云。

醉月频中圣，迷花不事君。

高山安可仰，徒此揖清芬。

山居秋暝

王维

空山新雨后，天气晚来秋。

明月松间照，清泉石上流。

竹喧归浣女，莲动下渔舟。

随意春芳歇，王孙自可留。

春望

杜甫

国破山河在，城春草木深。

感时花溅泪，恨别鸟惊心。

烽火连三月，家书抵万金。

白头搔更短，浑欲不胜簪。

江南逢李龟年

杜甫

岐王宅里寻常见，

崔九堂前几度闻。

正是江南好风景，

落花时节又逢君。

赠李龟年

李端

青春事汉主，白首入秦城。

遍识才人字，多知旧曲名。

风流随故事，语笑合新声。

独有垂杨树，偏伤日暮情。

逢入京使

岑参

故园东望路漫漫，

双袖龙钟泪不干。

马上相逢无纸笔，

凭君传语报平安。

滁州西涧

韦应物

独怜幽草涧边生，

上有黄鹂深树鸣。

春潮带雨晚来急，

野渡无人舟自横。

登科后

孟郊

昔日龌龊不足夸，

今朝放荡思无涯。

春风得意马蹄疾，

一日看尽长安花。

秋词

刘禹锡

自古逢秋悲寂寥，

我言秋日胜春朝。

晴空一鹤排云上，

便引诗情到碧霄。

题李凝幽居

贾岛

闲居少邻并，草径入荒园。

鸟宿池边树，僧敲月下门。

过桥分野色，移石动云根。

暂去还来此，幽期不负言。

菩萨蛮

温庭筠

小山重叠金明灭，鬓云欲度香腮雪。懒起画蛾眉，弄妆梳洗迟。

照花前后镜，花面交相映。新帖绣罗襦，双双金鹧鸪。

山亭夏日

高骈

绿树阴浓夏日长，

楼台倒影入池塘。

水晶帘动微风起，

满架蔷薇一院香。

宋朝

长相思

林逋

吴山青，越山青，两岸青山相送迎。争忍有离情。

君泪盈，妾泪盈，罗带同心结未成。江边潮已平。

浣溪沙

晏殊

一向年光有限身，等闲离别易销魂。酒筵歌席莫辞频。

满目山河空念远，落花风雨更伤春。不如怜取眼前人。

浣溪沙

晏殊

一曲新词酒一杯，去年天气旧亭台。夕阳西下几时回？

无可奈何花落去，似曾相识燕归来。小园香径独徘徊。

玉楼春·春景

宋祁

东城渐觉风光好，縠皱波纹迎客棹。绿杨烟外晓寒轻，红杏枝头春意闹。

浮生长恨欢娱少，肯爱千金轻一笑。为君持酒劝斜阳，且向花间留晚照。

生查子·元夕

欧阳修

去年元夜时，花市灯如昼。

月上柳梢头，人约黄昏后。

今年元夜时，月与灯依旧。

不见去年人，泪满春衫袖。

定风波

苏轼

莫听穿林打叶声，何妨吟啸且徐行。竹杖芒鞋轻胜马，谁怕？一蓑烟雨任平生。

料峭春风吹酒醒，微冷，山头斜照却相迎。回首向来萧瑟处，归去，也无风雨也无晴。

鹧鸪天

晏几道

彩袖殷勤捧玉钟，当年拚却醉颜红。舞低杨柳楼心月，歌尽桃花扇底风。

从别后，忆相逢，几回魂梦与君同。今宵剩把银釭照，犹恐相逢是梦中。

鹊桥仙

秦观

纤云弄巧，飞星传恨，

银汉迢迢暗度。金风玉露

一相逢，便胜却人间无数。

柔情似水，佳期如梦，

忍顾鹊桥归路！两情若是

久长时，又岂在朝朝暮暮。

青玉案

贺铸

凌波不过横塘路，但目送、芳尘去。锦瑟华年谁与度？月桥花院，琐窗朱户，只有春知处。

碧云冉冉蘅皋暮，彩笔新题断肠句。试问闲愁都几许？一川烟草，满城风絮，梅子黄时雨。

渔家傲

李清照

天接云涛连晓雾，星河欲转千帆舞。仿佛梦魂归帝所。闻天语，殷勤问我归何处。

我报路长嗟日暮，学诗谩有惊人句。九万里风鹏正举。风休住，蓬舟吹取三山去！

咏牡丹

陈与义

一自胡尘入汉关，

十年伊洛路漫漫。

青墩溪畔龙钟客，

独立东风看牡丹。

晓出净慈寺送林子方

杨万里

毕竟西湖六月中，

风光不与四时同。

接天莲叶无穷碧，

映日荷花别样红。

谒金门·春半

朱淑真

春已半，触目此情无限。十二阑干闲倚遍，愁来天不管。

好是风和日暖，输与莺莺燕燕。满院落花帘不卷，断肠芳草远。

辛弃疾

西江月·夜行黄沙道中

明月别枝惊鹊，清风半夜鸣蝉。稻花香里说丰年，听取蛙声一片。

七八个星天外，两三点雨山前。旧时茅店社林边，路转溪桥忽见。

破阵子·为陈同甫赋壮词以寄

辛弃疾

醉里挑灯看剑，梦回吹角连营。八百里分麾下炙，五十弦翻塞外声，沙场秋点兵。

马作的卢飞快，弓如霹雳弦惊。了却君王天下事，赢得生前身后名。可怜白发生！

鹧鸪天·元夕有所梦

姜夔

肥水东流无尽期，当初不合种相思。梦中未比丹青见，暗里忽惊山鸟啼。

春未绿，鬓先丝，人间别久不成悲。谁教岁岁红莲夜，两处沉吟各自知。

一剪梅·舟过吴江

蒋捷

一片春愁待酒浇。江上舟摇，楼上帘招。秋娘渡与泰娘桥，风又飘飘，雨又萧萧。

何日归家洗客袍？银字笙调，心字香烧。流光容易把人抛，红了樱桃，绿了芭蕉。

一个孤家寡人

虞美人

李煜

春花秋月何时了？往事知多少。小楼昨夜又东风，故国不堪回首月明中。

雕栏玉砌应犹在，只是朱颜改。问君能有几多愁？恰似一江春水向东流。

相见欢

李煜

无言独上西楼，月如钩。寂寞梧桐深院锁清秋。

剪不断，理还乱，是离愁。别是一般滋味在心头。

长相思

李煜

一重山，两重山，山远天高烟水寒，相思枫叶丹。

菊花开，菊花残，塞雁高飞人未还，一帘风月闲。